몸살로 뜨거워진 언어

몸살로 뜨거워진 언어

김병효 제5시집

도서출판 신정

‖ **시인의 말** ‖

죽은 시를 묻는다

쓰고 지우고
수백 번 미궁 속
시간의 파편 속에서 깨어 나온 시
그리 간절했던가
내가 네 안에서 헤매며
텅 빈 원고지 앞에 서성이다
뜨거워진 몸살처럼 글을 쓴다
피붙이같이 함께했던 한 세월
이제 막, 독방에 문이 열리고
욱신거린 행간에
절명의 꽃이 태어났다
오!
두려웠던 문장의 화두여
내 격정의 전율을 받아 적어시라

마지막 적막까지도

차례

⛊ 시인의 말 / 4

제1부 파란 바람

지난날	12
홀씨	13
고성 장산 숲	14
꽃의 언어	15
마른 편지	16
등꽃	17
화성에서 온 달팽이	18
우도 가는 길	19
달개비꽃	20
유효기간	21
천만 송이 접시꽃	22
상사호	23
초록의 글 터	24
난간의 미소	26
보성	27
괜스레 눈물이 나요	28
진고개	29
어둠보다 깊은 고요	30
어머니	31
비릿한 비늘	32
다가설 수 없는 너	33
매듭진 자리	34
낭도	35
반대쪽 너	36

5

제2부 무심히 바라본 시야

상사화	38
애기똥풀	39
허공에도 당신은 없고	40
장선도	41
봄날의 풍경	42
화마火魔	43
하여,	44
분홍빛 옷고름	45
그녀	46
꽃보다 아름다운 시	47
눈물이 되기 전에	48
내 안의 인기척	49
그 섬의 여인들	50
겨울 그림자	51
귀산길 1 - 눈물도 그리운 이유	52
귀산길 2 - 어머니	53
귀산길 3 - 허기	54
귀산길 4 - 하얼빈	55
귀산길 5 - 뚜벅뚜벅, 마실	56
귀산길 6 - 꿈꾸는 겨울나무	57
귀산길 7 - 자화상	58
외로워서 시를 쓴다	59
흔적	60
죽비소리	61

제3부 쓸쓸하지 않는 시선

용대리	64
제비꽃	65
다시는 볼 수 없는	66
강릉에 가면	67
허공의 이면裏面	68
노랑 그리고 가을	69
필사적인 침묵	70
군중 속 고독	71
허기를 뱉어내다	72
환산정	73
유리창 앞 그림자	74
광양 망덕포구	76
빙벽	78
가끔은 외로워서 고독한	80
보성 열화정	82
추동제	83
맥문동	84
오진	85
여백을 비우다	86
도톰한 나이테 한 줄	87
뜨거운 살점에는 표정이 없다	88
잠시 울다가 가요 - 내가 내게	90
풍경은 그냥 울지 않는다	91
소쩍새	92

제4부 시간의 낙엽들

너무 늦은 비애	94
내 인생의 남쪽	95
꿈의 문	96
초설	97
하얀 저고리	98
꽃다지	99
팔월의 눈사람	100
연잎의 이면	101
붉어서 더 슬픈 - 꽃무릇	102
산당화	103
폐지	104
산비둘기	105
삶	106
인생 항로	107
독백	108
산사의 아침	110
하화도	111
너의 새벽	112
풀잎	113
꽃잎 편지	114
못 자국	116
피안의 고요	117
나를 지켜보던 날	118
약속의 부재	119

제5부 저녁을 끌고 간 불빛

백운사	122
하르르	123
해금강	124
무심	125
수수꽃다리	126
홀로 피어도	127
꽃 그림자	128
아무도 열어주지 않는 문	130
환승 이별	131
포구에서 온 편지	132
산동山洞	133
무인 등대	134
금둔사 납월매	135
틀니	136
이방인의 오후	137
발자국 없는 허공	138
프레임 속 배후	139
내일도 비 - 장마	140
물방울	141
참다래 6호실	142
그리운 면발	143
사파(Sa Pa)를 거닐다	144
보고 싶은 경형에게	146
때론, 눈물도 꽃처럼 지더라	147
※ 발행인의 말 **서평 박선해**	148

지난날

성냥을 긋는 순간

무거운 짐이 재가 됩니다

그렇게 초연해지는

홀씨

광야로 광야로 날아라
높이 더 높이

날다가 지치면 네 몸이 닿는 곳
거기가 고향이다

너는 자유를 지닌 나그네
가장 깨끗한 영혼을 갖은 물음표

허공 아래 숨은 깊고
무심한 듯 날개를 버린다

얄팍한 깊이에 제 육신을 묻고
앙다문 채 눈물 나게 몸피를 불리며
뜨겁다

사는 일이 세상에 던져진 눈물 같아서
티끌 같은 존재로 거기 움트는 거다

결핍과 상처를 견디며 힘껏 살아내는
운명 같은 생명

아,
내 가슴은 얼마나 뜨겁게 살고 있는지

고성 장산 숲

연못 속 엷게 비추는 느티나무 사이
연잎이 물결 스치듯 드리운다

넉넉한 오후
고요를 달래는 정자 하나

물 위 한가로이 떠있는 소금쟁이 몸짓에
녹수도 세월도 물결에 잔잔히 번져간다

느릿한 시간 속

저 절정에 토해내는 농익은 연분홍빛 꽃잎
칠월 풍경에 이야기가 핀다

우듬지 고목 아래
하얀 모시옷 자락은 낮달 배고 한잠이다

여름은 오백 년 장산 숲 목덜미에 흘러내리고
아직도 멀기만 가을

꽃의 언어

이고 진 한세월
발갛게 풍경 한 점 얼룩진다

점점이 말캉하게 익어가는 햇살 아래
포동포동 여문
완두콩 한 대박 팔아

오일장 길모퉁이

몽울몽울 봉선화꽃 한 바구니 사서 머리에 이고
"달처럼 환해지는 등 굽은 할미꽃"

그 옛날 손톱 위
무명실 감아주던 꽃물이 그립다

헛헛한 봄, 봄날에
그리워하며 살아가는

마른 편지

미움도 그리움이라 했나요
함께 웃고 걷던 여름날에 우리
눈빛으로 주고받던 그날이 아직도 뚜렷이 남아 있는데
이젠 다시 갈 수 없는 그 길에 애달피 비가 내려요
슬픔으로 사라진 얼굴
그 많은 흔적이 빗물에 흘러내려요
사라진 시간
사라진 얼굴
그 길 위에서 숨결만 흘러 보내요

등꽃

어디서 왔느냐고 묻지 마라
나는 절정기 꽃으로 피나니
육신도
영혼도
천상에서 마음껏 노래하다 가련다
사람아
인생도 찰나인 것을
이 생, 무거움 내려놓고 보면
모든 일들이
그윽이 느껴지거늘

화성에서 온 달팽이

천근을 짊어진 삶이 죄인 냥 납작하게
안갯속에 빠져 든다

턱까지 차오른 거친 숨소리가 긴
여백을 지나고

수천 번의 길게 촉수 늘이며
한고비 넘길 때마다
뭉그러진 땀자국이
증표인 듯, 메인 목을 삭힌다

기약 없는 먼 시간
세월을 핥으며 저 장엄한 땅 끝으로
말간 배 밀어 가는 뜨거운 몸짓

느릿느릿 위태로운 야윈 어깨가 그 빛 쫓아
비릿한 새벽을 오른다

우도 가는 길

붉은 살 점 움켜잡고 털썩 주저앉은 곳
처절히 뱉는 목울대가 푸른 난간 정수리에
질퍽하게 소리를 토해낸다
세월 천년, 겨우 알 것 같은 텅 빈 목어의
소리처럼
신음하듯 갈대가 웅성거리고
어디론가 바삐 움직이는 망둥이 한 마리가
그녀의 하이힐 소리에 급히 몸을 숨긴다
어쩌다 머물러 홀로된 사연에
바람은 네 그림자를 떼어간다
방울 소리 멈춘
끝내 직립이 될 수 없는
오랜 시간 분지르며 버티며
마지막 인연같이
허허로이 살아서 비어 있는 그 사람의 빈자리
봉숭아 빛 밤이 물들면
펄 위, 황소 한 마리
눈을 크게 뜨고 껄껄 웃는다

달개비꽃

눈을 감았다
들판 저쯤, 쏟아지는 햇살 속에서

뒷걸음으로
지난 족적을 돌아보면서

그렇게 시간이 가고
버려진 시간 끝에 찾아오는 허허로움
그래, 그렇게 사는 거지

오래전 말없이 곁에서
고개 끄덕이며 내 얘기 들어주던 고향 친구가 생각났다

가끔은 불러보는 이름
그 이름 부를 때면 고맙게도 위안이 되었다

아직 가시지 않은 물기
더 낮은 곳에 향해 파르스름하게 피어나는 하늘빛 달개비

젖은 안부를 묻고
그곳에 오래 서성거렸다

그 사람을 생각했다

유효기간

종착점 이 어디냐고 묻지 마라

순간이
덧댈 수 없는 장벽이었으니

바람, 구름, 천둥, 소나기
모두가 두려운 혁명이었다

하여,
사소한 물음에 답하지 않으리

거룩한 죽음과의 거리
허무마저 어찌 못 할 그날이 오면
기억 속 잉태마저 먼 부표처럼 잊힌 날

모래의 물결로 내 주름살을
지우며 사라질 것이다

오!
"폭염처럼 무성했던 격정의 한 시절"

최후의 숨결까지
낙하하는 마지막 모래알

나를 견딘 최후의 숨결까지
참, 아름다웠다고

천만 송이 접시꽃

천 개의 꽃잎이 하도 고와
눈가에 촉촉이 비가 내린다

넘쳐나던 그날의 웃음
꽃인 양 남겨두고

간직한 흔적
나, 꽃나비 되어 너에게 갈 터이니

부디
잊지 말고 나를 불러다오

상사호*

풍경을 얹혀놓은 곡선 위에 산안개가
스며든다
어디쯤, 아련히 꽃술 접고 노란 히어리는
어디로 사라졌을까?
어느 것 하나 시절 인연이 아닌 것
없듯이
한 계절 울컥 쏟아내던 그 이름
아,
우리도 화려하게 필 날 얼마나
남았을까?
기억 속 꽃잎만큼 햇살이 뜨거웠던
시간
뱉어내도 지워지지 않는 흔적으로
고스란히 남아
굽이굽이 남도 삼백 리 호반 벚꽃길
그날의 그림자가
물 위에 걸 터 앉아 있다

* 상사호 : 순천 벚꽃 드라이브 길로 유명한 호수

초록의 글 터

녹물로 덧칠한 뜰

오색 넝쿨 장미가
햇살 품고 문장을 탐색한다

조금은 녹슨 듯
철 대문 감싼 마삭줄

꽃향기 고요히
시간 안에 녹아들고
잎맥 따라 내려온 이슬이
한 편의 서정시다

옹기종기 속삭이듯
혀끝을 감고
맛을 잉태한 항아리

한 계절 피고 지는 생명들
그리움만큼 지나가고

침묵의 허공

글 터에는
오래된 기억 한 줌 꺼내어
풍경으로 다시 태어난다

시가 자라는 귀산길 89-16

나는 고요히 눈을 감고
독백의 그림자를 옮긴다

난간의 미소

몇 개 얹힌 돌탑이 너럭바위에 걸터앉아
해묵은 갈증을 숙성시킨다

듬성듬성 온몸에 딱지처럼 새겨진 이끼

푸른 멍이 자라고
움켜쥔 전율이 자라고

너의 육신과 내 육신이 바짝 끌어당기며
살갗을 파고드는 바람을 이겨내며
참아내는 것이다

무너지는 절망에도
버티자

그 자리 굳건히 지키는 것은 숭배를 지키는
것이 아니다

견고한 침묵으로 단 하나 나를 견뎌내고
있는 것이다

보성

수줍은 듯 빛 내림이 환한 오후 2시

발아래 햇살 내려놓고
가만히 풍경 들추며 지나가는 연인들

삼나무와 삼나무 사이
가끔, 꿈꾸듯이 바람이 지나가고
하루라는 거리에서 마음 내려놓는다
가난한 그늘마저도 다 견디며
자라는 이끼들
불행마저도 행복해 보이는 까닭은
끝내 생을 다 사랑하지 못했기 때문일까?

저 멀리 해창만 푸른 보리 무성하고
회천 마을 감자꽃 지천에 피어나면
슬픔도 아픔도 없어라

나, 지금
녹차밭 가는 길
오월 끝자락, 너의 향기 놓고 간다

괜스레 눈물이 나요

어느 날 우연히 그댈 보았어요
떨려오는 전율로 가슴이 먼저 그대에게 다가섰죠
저 멀리 미소 짓는 그 모습
괜스레 눈물 나
이 마음 그대 모르겠지요
아,
그대라는 단 한사람
내 하루 다 채워주는 단 한사람
그대만이 내 전부예요

진고개

길은 무심하듯 천년을 쥐어짜며
을씨년스럽게 엎드려 있다
먹물처럼 휘저은 저 깊은 시간의 된비알 따라
흘림체 같이 이어지는 길
실낱을 부여잡은 듯 고개를 넘어야 하는 자는
늘 외롭고 위태롭다
돌덩이처럼 다져진 길 아래 뿌리를 내린 나무들은
실금을 더듬어 부식된 세월을 힘껏 밀어 올린다
경계와 경계가 접힌 반쪽
허기진 그림자 아래 하늘거리는 이름 하나
산괴불주머니가 길을 인도한다
휘어지고 휘어진 길 위에
누군가가 지나간 발자국이 선명하다
생명과 생명을 잇는 길은 늘 겸손을 배운다
사람은 길을 내고 길은 나의 운명을 실어
고개 넘기기를 주저하지 않는다
기나긴 시선
머언 기억 몇 개 돌아 대칭점 끝,
황톳길이 옷자락을 당긴다

어둠보다 깊은 고요

뉘 바람이기에 붓 끝 긴장감마저 뒤 흔드는가
여백을 열고 한 획조차 긋지 못하는 붓대 앞에
눈부신 빛깔로 각혈하듯 제 몸 불사르고 있는 붉은 연꽃
긴 목마름으로 허공에 스며드는 시간
개구리 앞
터질 듯 부풀어 오르는 몽우리
먹빛조차 마르지 않은 연잎 위를
넋 놓고 물끄러미 쳐다만 보고 있다
낮은 풍광 속
조금씩 팽창하며 해탈하는

어머니

담벼락에는 망울 터진 꽃물이
그득합니다

그 꽃 넘어
빗물 받아내는 까만 기왓장

다가서면 우아하고도 고독한
빗소리 들을 것 같아
귀 쫑긋해 보는

아무도 보는 이 없는 이곳에는
꽃향기만 하염없습니다

무엇이 그리도 간절했는지요

무량억겁 질긴 인연 고하고
먼 애환 기억 더듬어

그 먼 땅에도 비 내리나요

비릿한 비늘

들물에 짠 내가 두텁다

갯벌에 뿌리내린 일생이 비릿하여
안부에도 소금꽃이 베어난다

꾹꾹 눌러 물때만 기다리는 사람들
먹빛에 망태기, 삽 한 자루 챙겨
전생 끄집어내듯 바닥 훑는다

쩍쩍 갈라진 손끝
낚아챈 촉수로 펄 속 찍어 먹던
몸

통증 견디며
물빛마저 다 건져 올린 세월

비린 허기진 몸
납작이 조금씩 흐트러진다

길어지는 그림자 너머 물꽃이 밀려든다

다가설 수 없는 너

우리는 무슨 인연이기에 이렇게 살아가야하나요
한 걸음 다가가면 갈수록 멀어지는 당신
미련하게 다가서는 내가 미워
이렇게 가슴이 아려와 눈물 흘려요
아—
천년이 가도 다시 부를 이름
아—
천년이 가도 다시 보고 싶을 얼굴
그대 속절없이 바람처럼 지나가나요
그게 바로 당신인가요

매듭진 자리

흔적이 그려져 있는 바닥에 빗물이
고인다

흐르지 못한 사연이 바래고 녹슬어
끝내 먹빛으로 소멸된다

드높이
초승달은 구름에 가려지고
빈 허공 적시는 빗물처럼

그윽이 바라보던 단 한 사람

애당초 서로의 가슴에는
각인된 바코드조차 찍지 못한 채
유효기간마저 사라졌다

길고 긴 날 그 다짐 위해
얼마나 돌아왔을까

함께 걷던 길, 그 흔적
이젠 적막한 어둠
주홍빛 촉각마저 놓는다

몇 계절 꽃잎 지나는 동안
많은 질문으로 지샌 밤들 비로소 내가
잔잔해진다

낭도

그 남자의 배경은 오후 3시 32분

하얗게 칠한 벽면
때 묻은 질긴 질감이 도배지처럼 말라져 있는 섬
벽화 속 하회탈이 자라고
물속을 뛰쳐나올 듯 물고기가 파닥이며 하늘을 오른다

탁 트인 파란 물감 위
윤슬이 일제히 기억처럼 되살아나 번진다

피사체에 걸린 이야기마다
하나씩 셔터 속으로 빨려 들어가 꿈틀거리는 시간
삶에 빛마저 흐려진 붉은 신호봉
안과 밖 팽팽한 경계를 풀며 최저임금을 뜯어 먹고 있다

노을 물들기에 아까운 풍경
그림자 지나간 자리
저마다 여인들은 비밀 하나씩 벽 틈 속에 끼워 놓고
하얀 모래 속으로 사라진다

반대쪽 너

가슴을 묻었습니다

한 줌 땀방울이
만져지지 않는 생각으로 겉돌고
저만치 울컥 거리는 오월

너의 이름이
물결처럼 깊어만 갑니다

내 안 짙은 빛은 고요해
햇어둠, 쇄골에 쌓이고
빗금 그으며 살아가는 우리

집착 속
텅 빈 주머니가 허기를 달랩니다

제 **2** 부

무심히 바라본 시야

상사화

마음의 비밀을 알려다오
내가 알 수 있도록

너는 말이 없고
나는 네 곁에 맴돌다 한 포기 풀로 마른다

아, 헐떡거리다 멈춘 심장
기억마저 꺼져버리고

이네, 아름다웠던 모습도 투명하게 사라진다

생이 이탈한 곡선
마지막 순간이 전부였다

얼마나 다행인가

애기똥풀

바람이 나란히 누워 있는
오후

당신인 듯

가지색 끝동 저고리에
눈시울 시려옵니다

앞서가는 이
발자국 따라 노란, 선명한 칠월
들끓는 얼굴 까무룩 해지고

울 엄마 꽃 같았던 시절
노랗게 묻은 꽃가루

버짐 같은 얼룩
기별 궁금할 즘
발끝 치켜 올려다본 언덕

풀숲
길게도 짙어져
저만치, 소롯이 꽃이 핍니다

여름 다 가도록
노랑 노랑 당신이 핍니다

허공에도 당신은 없고

고요가 가라앉은 인적 끊긴 빈 집
어둠은 늘 적요합니다

쓸쓸하게 홀로 견뎌온 털 고무신
한 켤레
무거움이 꾹 눌러져 울컥울컥 시리는 동안
속울음마저도 전설 되어 쪽마루에
누웠습니다

손 내밀어도 잡히지 않는
그대 체온
속 살 삭히며 하루해 짧았던

텅 빈 구석
껍질 훌훌 벗겨놓고
낯선 발자국 따라갔습니다

장선도

긴 시간 해독하지 못 한 채 숨 재우듯 몽환에 드는

끊어질 듯 지워지지 않는 질긴 이승 역
마지막 종착점 같은
수평성 아스라이 우뚝 솟은 작은 섬

태초,
넋두리 풀어놓고 시름 헹구고 나면
성스러운 자태에 눈이 환하다

아린 속내, 속으로 파고들 즘
배시시 해국이 눈을 뜬다

섬,
사라지는 바람 한 자락
끝나지 않은 어디쯤

고요만이 드러누운 적막 한 편

봄날의 풍경

천상이 눈뜨는 시간

참새들은 빛 쫓고
그림자마저 편하다

채워도
채워도
모자라는 갈증의 문장

이 궁핍한 몸

그저, 빗장 풀린 세 치의 혀 마냥
환장하게 봄을 탄다

어쩌자고
어쩌자고

나를 스쳐가는 꽃잎이
이리도 짧은가?

화마 火魔

붉은 여명이 차고 매운바람 몰아쳐
수천 년 무너진 폐허
검게 타들어가는 허망한 한숨은
무슨 몸짓으로 말할까
이토록 간절한 전쟁 같은
사투의 시간
오랫동안 그 자리를 지켰을
어귀의 집과
수많은 아름드리나무
단 한 번 실수로 뒤돌아보지 못한 채
이젠 여린 연둣빛마저 볼 수 없는
절망조차 오롯이 견뎌야 할 지금
울음마저 끊어진 상처로 견뎌야 할
사람들
신이시여!
부디, 이 아픈 상처에 더는
불꽃 없기를

하여,

산다는 것은 언제나 그 끝이 있어
우리는 늘 아픈 상처를 감내하며 긴
삶을 살아가는 것이다

하여,

두렵기 때문에 어디론가 떠나려 하고

하여,

외롭기 때문에 깊은 사랑을 갈구하며
살아가는 것이다

하여,

나는 나약해질 때마다 나를 찾으며
내 허한 몸속에 새싹 같은 웃음을 품는다

하여,

좀 더 뜨거워지려는 내가
천년 구비 다 닳도록 여전히 흐른다

분홍빛 옷고름

시린 바람이 파고든다

휘어진 몸이 낡은 낫처럼
세월 주름진 노승의 선한 얼굴 뒤로
후끈 단 촉수가 뜨겁다

고요마저 환한
밤 덥석 안고 제 몸 여는
살 점

누구의 배후인가

가슴 헐어내는 긴 호흡
부풀대로 부푼 저 풍경

금둔사 납월매
여리게 얼룩지며 조용히 물든다

텅 빈 몸
고요를 한껏 밀며 당기며

그녀

천년을 기다려도
좋을

내 심장에서

못다 핀 꽃 한 송이

꽃보다 아름다운 시

팔월 강가에 하얀 눈이 내린다

끝나지 않은 질긴 그 인연
내면 깊숙이 눈물처럼 선명하게 피어나
슬픈 듯 얼굴을 묻는다

늑골 속 차오르는 저 가쁜 숨소리
세월 눈물 받아내며
속마음 풀어놓고
한낮 잠에 취해 기울어지는 여자

그을린 핏줄 선명한 한나절
쪼갠 하루를 덧대어 헐한 양식을 축인다

몇 날 며칠째 마른 고추가
팔려 갈 때면
쏟아버린 시간이 꽃으로 활짝 핀다

모두 다 떠나고

발자국 내려놓고 간 온기가
그믐달처럼 지워져간다

눈물이 되기 전에

웅크려 앉아 제 발을 핥다
누군가 발소리에 화들짝 놀란 꽃샘바람이
짙고 축축한 안갯속으로 사라진다

비워내 쪼그라져 꼬깃꼬깃 해진 채
매달린 하늘 수박
끝끝내 놓지 못했던 풍경이 애잔한

옥빛 찬물에 목축이고 포르르
오르는
노루귀, 복수초 꽃망울

나는 시 한 수 그려놓고
그대를 초대한다

아,
한 시절 눈물로 삭힌 당신
기꺼이 오시라

내 안의 인기척

이 겨울 가지에 움츠린 새떼들이 있다
새가 우는 동안
내 갈비뼈 사이로 빠져나가는 허기진 내 언어는
겨울 새떼들 같이 늘 서늘했다
겨울 지나는 동안 행복하지도 슬프지도 않았다
단지 어미 찾는 어린 고양이 소리가 홑겹처럼 더 슬펐다
포트에 물이 끓고
창 멀리 끓어오르는 데시벨로 출렁이는 대숲 소리는
텅 빈 어느 날 속으로 빠져들곤 했다
오지 않던 눈이 내렸고
나는 홀로 위태로웠다
사람들은 정물 모양으로 늙어갔지만
눈이 녹는 동안
바람이 우는 동안
아무도 나를 찾는 이 없었다
새들도 울지 않는 밤
달빛은 그림자만 길게 끌고 사라졌다

그 섬의 여인들

허기 달래 줄 살림
궁핍만 충만했던 세월이었던가요

헛헛한 웃음,
멈칫멈칫

그 속내 들키지 않으려고
잎맥 사이 연둣빛 실핏줄이 어색하다

지친 허물어진 축대 아래
나무 의자 곁, 여치 소리
귀라도 환하라고 미끄러지는 절창
완창이다

붉은 꽃
분홍 꽃
연붉은 마음

부표처럼 촉수 더듬어 곡진히 한 생 건너는
둥그러져 시드는

어눌한 손짓 빗나가는 응답
기억마저 흐리고

당신과 나 사이
소금 절인 진한 체취가 아슬하게 멀어진다

겨울 그림자

이 바람 멈추면 봄이 오는가

시간마저 잠든 빈 골목길
동백꽃, 모가지 툭 떨어진다

무심타

"봉철 아제" 흥얼거리던 가락도 다 어디 갔나

떠나간 자리
기억만 차고 넘쳐

또 무심타
구름 같은 세월 붙잡아지더냐?

저 보름달
휘영청 밝아 밤공기마저 시린 하늘

소리 없이 파고드는
몹쓸,
아련하고도 그리운 고향

귀산길 1
- 눈물도 그리운 이유

평생 굽은 허리로 견뎌온 귀산리 회관 옆, 노송 한 그루
연사흘 바람이 운다

하얗게 달빛은 얼음 속 깊어가는 녘

이방인 발소리에 내뱉는 개 짖는 소리가 차갑다

때론, 마른 모래알같이 울다
쇠잔해

잔광처럼
상처로 떨어지는

눈먼 사랑도
시간 위에 흩어지고

집착으로
비워도 차오르던 괴로웠던 날들

나는 내가 알 수 없어서

그저,
얼음 박힌 동백꽃 마냥 뚝뚝 떨어진다

귀산길 2
– 어머니

녹물이 인다
별과 달이 자라던 대숲

그 틈 사이
세찬 칼바람도 참아내던
속내

슬픔,
고통,

그리고

사랑,
행복,

당신이었기에
따뜻한 겨울을 지낼 수 있었습니다

귀산길 3
- 허기

빗금처럼 그어진 논길을 따라가면
저 먼, 길게 누운 산 그림자 아래
몇 채 집들이
새하얀 계절로 들어선다

홀씨는 마지막 변방을 찾아 날아가고
무량한 겨울바람에도
초록 생명에 촘촘히 박혀 있는 겨울 햇살

빈 풍경만 남겨두고 떠나간
이름들

들판은 모든 생명 하나하나 품에 안은 채
포근히 끌어안고 있다

저만치 기척도 없이 떠난 숱한 이야기
지상의 배후로 남아 있는 들판
채워도 채워도 비워지는 허기
쓸쓸한 빈들에서 얼음 속 하얗게 기운다

비로소 내가
네 안, 따스한 체온을 느끼며
오랜 동안거에 든다

귀산길 4
- 하얼빈

투영할 수 없는 영혼에
눈이 내린다

사랑하지 않는 것도 유죄라 했던가
하여, 다가서지 못한 것도 죄가 되나니
저기 누군가 차디찬 빙판에 흐느끼며 울고 있다

D - 1 끝을 고하고
바람이 지나간 철로에 눈이 쌓인다

사락사락 피어나는 순백의 고백처럼 눈이 내리고
본능을 억압하는 생각 한 줄기를 서리 낀 유리창에 툭 던진다

죽도록 사르고 싶은 이놈에 한 세상

긴장의 긴장
세발의 총소리 땅, 땅, 땅
쓰러지는 늙은 늑대 한 마리

안중근의 마지막 외침 "까레아 우라"*
허공에 외친다

내가 바라보는 저곳
밝음도 색깔도 웃음도 없다
그래서 꼭 봐야 하는 이유다

* 러시아어로 대한 독립 만세다

귀산길 5
- 뚜벅뚜벅, 마실

흙벽을 빠져나온 흰 연기
풍경에 오르고
산 아래 그려진 한옥들이 병풍 속에 든 아침

외마디처럼 축축이 젖어있는
결로의 창가

붉은 상추 옆에 움츠린 고양이 한 마리가
겨울 햇살에 꿈을 꾼다

생기가 다 빠져나간
버려진 냉장고 위
한 생을 토해 놓은 담쟁이

우두커니 서 바라보다
어디쯤 사라진다

한 시절 지나간 메마른 풀잎
시린 계절이 윙윙 울고 있다

귀산길 6
- 꿈꾸는 겨울나무

속살을 감추며 1월의 시린 나무는
바람을 받아 내고 있다

홀로 가슴을 쓸어내리며
더 큰 아픔도 감내하면서

봄, 여름, 가을
다 떠나버린 뒤 찾아오는 적막감

"엄동설한"

안으로 더 깊어지는 침묵으로
짙게 제 뼛속까지 나이테를 새겨놓으며

스스로 찾으려는 정체성
한 점의 몸부림

오늘도 비바람과 폭풍에도
열 번 아니 백 번
인내하며 견뎌 내는 거다

요동친다
저 깊은 맥박 소리가

귀산길 7
- 자화상

짙은 어둠
길손 하나 없는 길 위, 어둠이 내린다
대숲이 먼저 어두워지는
귀산리
검은 산 그림자가 적막을 받아내고 있다
바람 소리가 골목 구석구석 훑고
깊숙이 파고드는 빈 둥지 위에 달빛이 푸르다
이 밤 가둘 수 없어 꾸역꾸역
어둠을 지고
천장만 바라보는 한 사내
헐거워진 마음도 시간도
자꾸만 망망해 잠을 뒤척인다
이슥토록
잠 못 드는 밤이 적요하다
아직도 비워야 할 것이 많아
어둠 속을 저벅거리는 사내
충혈 된 두 눈
밤새 놓아주지 않던 불면증 같은 선잠에
몸 일으키던 밤
새벽을 고르면서
어둠 뒤로 돌아서는 문장이 몸에 박혀
어둠을 숨죽이고 불면한다

외로워서 시를 쓴다

내 인연은 저토록 먼가

오지 않는 전화를 기다리며
집착이라 생각하면서
실체 없는 비운의 그림자를 비우며 지운다

휑한 정적

매일 밤 외로워서 "자클린의 눈물"로
나의 루틴에 활을 긋고
잠들었다

거기 어디쯤 있을 것 같은
외로움이여!

더 이상 내 애타는 마음 네게 기록하지 말라
너에게 중독된다는 거
차마 허락할 수 없다

죄 없는 내가 너로, 죄인처럼
또다시 얼큰하게 취하고 싶지 않다

닿을 수 없는 궁핍한 이 마음
그냥, 눈물이면 그만이다

흔적

이른 꽃 피는 계절 악양면 평사리 풍경 몇 점 여며 안고
그만큼 서
무심코 쳐다본 벽면
누군가 써놓은 시를 한참이나 바라보다
그 시인은 어디에 사는지
어떤 생각으로 쓴 시인지
문득 궁금해져 오고
지난날 온전히 등 기댈 아무것도 없었던
취간림 왕 버드나무처럼 살과 뼈는 늙지는 않았는지
또 몇 천 번 외로워서 이 강가를 서성이지는 않았는지
아, 내가 선 이 자리에서 봄을 기다렸을 시인
저 한 편의 시가 당신과 나 사이
은밀한 약속처럼
그대 침묵과 나의 갈망하는 결핍이 텅 빈 것은
시만이 아니라서
이 언덕길 집 벽면에 얼룩진 시 한 구절이
먼발치 어둠 속 불빛 한 점으로 나를 바라보고
하루
이틀
그리고 수천 번 써도 끝나지 않을
하늘 시린 시가 있습니다

죽비소리

어루만진 창 너머 온기가 부서지며 운다

지배하는 어둠이 내 청춘을 훑고
지나간 시간 뒤에 무뎌진 겨울

돌아오지 않는 빈,
수취인 없는 구석에 유품들만 무성히 자라나
굳게 닫힌 커튼 뒤로 다시 볼 수 없는 내 어머니가
주르륵 흘러내린다

당신과 나
그 뜨거웠던 한 폭의 비단 같은
그윽한 눈빛은
어디로 사라졌을까?

보일 듯 보이지 않는
빛바랜 체온이 손끝을 타고 달이 흐르고

외로운 끝과 끝
서로 맞닿지 못하는 나와 당신 사이
그리워
이토록 서럽게 울었나 보다

제 3 부

쓸쓸하지 않는 시선

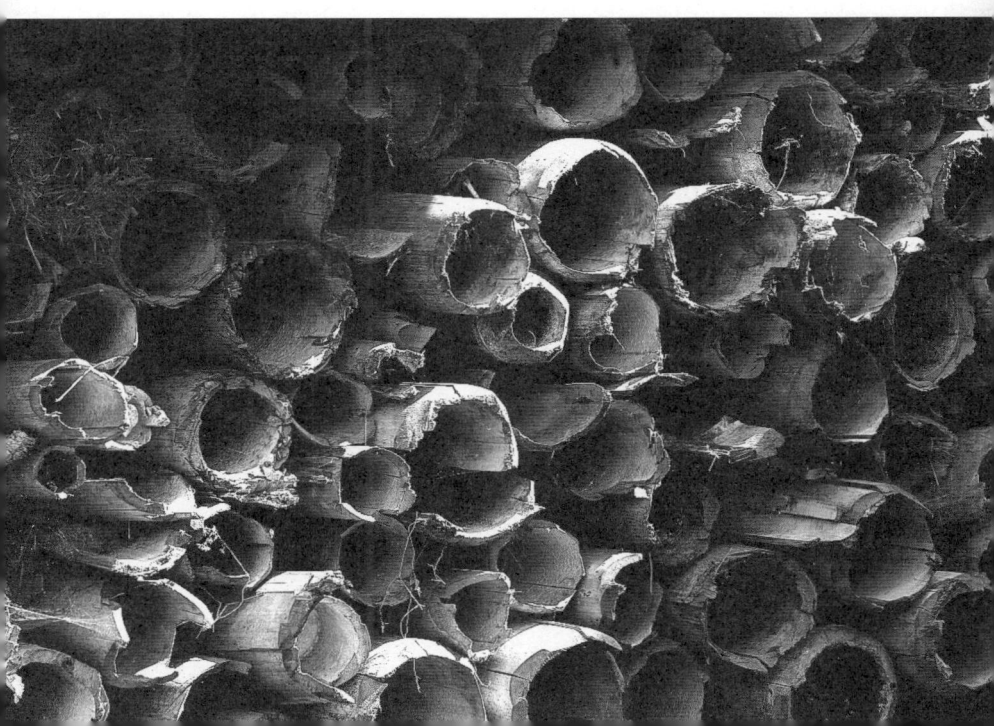

용대리*

짠 신물을 울컥울컥 게워 내는 눈동자

그 아픈 상처를 열면 찬물 속 진한 슬픔이
천형처럼 짙어진 눈물로 서러워 네가 운다

하얀 설경 속 홀로 움츠리며 견뎌온

그렇게 조용히 혹독한 한계 넘으며
수십 번 오므리고 펴는 시간 동안
부재 속 또 다른 생명이 부활한다

삶과 죽음 사이
차고 냉랭한 사유의 바깥에서
밀물과 썰물이 지나던

때로는 파랑으로 심해에서 간절한 봄날이었고
이제는 뭍에서 겨울로 지나는 시간
침묵만이 아득하다

한때, 당신이 내게 전부였던 날도
그 겨울
말없이 빗장을 닫아걸었다

* 용대리 : 인제군 북면에 있는 마을, 명태 말리는 마을로 유명하다.

제비꽃

더딘 봄
열여덟 그 소녀

또
이 강가에서

그리워
그리워

여미지 못한 채
천년을 불러도 좋을

이름

다시는 볼 수 없는

멈춘 발소리 허공에 사라져
작별을 고했네

고요 속 이별을 놓고 간
흐느끼는 바람 소리

그림자마저 감추고
구만 리, 눈물꽃 되어 떨어졌네

무심한 슬픔이 켜켜이 쌓인 채로 이승에 남아있는

먼지 하나도 아직, 받아들일 때까지 이별은 이별이 아니네

차마 놓지 못해
바라보는 회색빛 하늘

부디, 잘 가시라

사족
2024. 12 무안공항
항공 사고로 희생자 추모 글

강릉에 가면

삶이 때론 너무나 무량해서
풀지 못한 응어리가 내 속에 몸집만 키워
발효되지 못한 채
둥글게 팽창하기도 해
닳아 점점 얇아지는 가을 햇살 아래
한 계절 그림자는
야윈 어깨에 위태롭게 걸려
잉태되지 못해 붉은 잎만 가득합니다
저기 수평선 끝, 아련한 삼백 예순 날
울음 토할 듯 당신과 나의 거리 같아서
그 간절한 기억만 하늘 가득
마침내, 그렇게 견뎌야 할 꽃물 같았던
허허롭던 날
경포대 솔밭 사이 한 줌 달빛이 내려
눈멀어지듯 아득히
일생을 건너고 멀어져 가는
시간의 안쪽에서
아흔아홉 굽이 그곳
나의 어머니 뼛속을 파고들던 적막을
수취인 부재처럼 읽는다

허공의 이면裏面

감식되지 못한 지문이 지워진 아픔으로
짙은 밤 달빛에 움츠린다

겨울 끈을 꿰매는 적막의
안쪽

허물 벗은 온전한 겨울은
소리 없이 발길에 눕고
옹이 박힌 생각들이 하얗게 시린 눈으로 쏟아낸다

엄동의 칼바람
지극히 주름살 패인 우듬지 끝에 매달린 자리마다
붉게 더 붉게 외로움을 채워주는 애틋한 몽우리들

차마 어쩌지 못하고
햇살에 사라지는 얼음꽃처럼
뼛속까지 비워내는 황강 함벽루에
깊숙이 감추어 두었던 내 번뇌를 해제시킨다

어둠 속이 환해진다

노랑 그리고 가을

짙은 상념의 자국은 늘
차갑다

귓불 붉게 적시는 갈바람
서걱대는 노란 나무 한 그루

나는 우두커니 한 잎 두 잎
야윈 모습을 바라보며 너를 지워간다

시간이 남긴 최후

무언의 자유도 누워버린
헐벗은 사족의 안쪽
저 먼 풍경의 하루가 저물고

우수수 빠져나간 연민들처럼
아슴아슴 붐비다 지는
내 일생이 스쳐지나간다

낯설고도 낯선
그리고 낯선

육십 하고도 삼 년

필사적인 침묵

시어 촉은 어눌하고 신경 촉만 예민합니다

내뱉는 기침소리가 파편처럼 날카롭고
모두가 한순간에 아수라장입니다
너무 아파서
절규하듯 침몰하는 육체가
차마 표현할 수 없는 언어로 병상에 누워 차고
시려 소름 돋던 시간
며칠이 흘렀을까요
참고 견디는 동안
창문 밖, 깊게 파인 멍든 낙엽
바람에 무수히 떨어지고
예리한 바늘 끝에 매달린 물방울
그저, 고요해진 시간만큼 위태롭습니다
여전히 숙성되지 못한 채 홀로 견디며
낡은 태엽 다시 감는

병동 207호

군중 속 고독

모서리가 갈색에 스며든다

낮은 시간 쪽으로 어깨를 내어주고
나직이 읊조리듯
차갑게 식어가는 숲은

처연한 무게로 회한을 남기며
붉게 점멸하는 시간
산 너머 영역은 이미 절판이듯
추색이 예민하다

어느 날 문득 군중 속 나는
거리의 고독자

차마 말 못 했던 지난 약속은
구름에 갇히고
꾸겨져 생을 마감한 로또 한 장이
묵은 시간 속으로 사라진다

우수수
여름이 벗어놓은 체온이 수심에 눕는다

이 무량한 숨결
네 앞에 내가 돌아선다

허기를 뱉어내다

그 모양이 처연하여 마른 입술에
바닷물을 적셔본다

텅 빈 사연을 아느냐
속이 휑해져야 하는 이유를

무심조차 속세에 다 버리고
이 무량한 허공에서 천년이 가도
눈을 감지 못하는 이유를

꾹꾹 스며드는 멍
이내 몸이 저려
허한 몸이 뒤척인다

내뱉는 울음 탁발 가고
두드려라 두드려라

산 겹겹이 아득한 곳
꿈을 꾸는 목어 한 마리, 사무치다

환산정

눈부신 곡선으로 휘어진 노송 뒤편
9월이 누워있다

솟을대문은 긴 하품을 하고
눈빛 먼 거리
계절이 흘리고 간 연두

물길마저 메마른 빈손 같은 강가에
풍경이 울며 지나는 여름 끝자락

한 움큼 짐 내려놓듯
내 몫을 버리며 비우며
아픔조차
깡그리 삭제 버튼을 누른다

꽃 몇 벌 지나간
덩그러니 남겨진 자리

유통기간조차 없는 이별처럼
몹쓸,
하늘은 벌써 파랗게 멀다

유리창 앞 그림자

그 사내의 고단한 어깨 위로
노을이 붉어집니다

말라버린 틈과 틈 사이
조금씩 다가서는 불빛

하루를 이별하는 사람들
저마다 무거운 발걸음에 별을 새겨 놓고
지나는 저녁

내가 놓쳐버린 오늘의 감정 너머
초승달이 돋고 바람이 지나갑니다

떠난 것들이 주고 간 온기의 흔적은
소멸조차 쓸쓸하고도 향기롭습니다

눈길 사이
소리 없는 아우성이
주름진 세월의 무게를 담습니다

하루를 마무리하는
저 장엄한 지상의 모서리 유리창 앞에
어느 몸짓이 이토록 애 타는지

멀게만 다가서는 내 생애 시 한 줄이
거기서 서성이다
씻긴 세월만큼 흐릿해져 가는

광양 망덕포구*

육체는 죽고
마지막 남긴 영혼이 내게 주어져

험난한 세상 이름 알리니 그것으로
나의 일생이었다고

포구 끝자락 술도가
한 채

낮은 처마 툇마루 아래 숨죽이던 자필 시집 원고

아들의 당부가 천명처럼 진하고 단단하여

향년 28세
해환*이 눈 감는 사이

당신과 나
한때 한 시절 붉은 심장은
너무도 짧은 이별이었고

그 이별의 약조가 새순처럼 돋아
'하늘과 바람과 별과 시'로 세상에 알려져

절벽 같은 어둠에서 뜨겁게 피어
지지 않는 인연으로

한 장의 그대 사진과 나
저 마지막 물길에서 시가 종일
<u>흐르고</u>

* 망덕포구 : 윤동주의 벗이었던 정병욱의 터가 있는 포구이며 이
  곳에서 윤동주 유고집이 보관돼 있던 곳이다
* 해환 : 윤동주의 호

빙벽

뼛속까지 토해내던 시간
뜨거움이 죽었다

바코드가 유효기간을 삭제하고
출처 없는 하루가 와르르 사라진다

갈망하던 노역이 돌아와
엎드린 어둠 뒤
일련의 암호들이 해체된 시간

홀로 허겁지겁
한 끼를 저 붉은 노을에 넘긴다

수없이 후끈거리는 어깨

한 장의 파스로 통증이 삭아 내리는 바깥
이제 수많았던 발자국이 사라지고
낮아지는 몸

빈방 허공에 잠이 기웃거리고
시간을 웅크린 다리

하루라는 흔적에 한 알 근육 이완제가
등덜미에 스며든다

허기진 눈빛이 삭제되는 밤
잠은 자꾸 흩어지고

가끔은 외로워서 고독한

이 세상 고독한 여자를 만나지 못해
한 남자가
이 세상 고독한 남자를 만나지 못해
한 여자가
밑 모를 강물 속에 살아가는

그림자마저 잃어버린 낡은 육체의 냄새가
얼굴 없는 영혼으로
시린 상처로 질기게 살아

궁핍한 마음의 가난이
한 잔의 쓸쓸한 외로움으로
공허하고 창백해

하여,
고독한 여자를 생각하고
하여,
고독한 남자를 생각하고

아아,
천 년 전의 슬픈 발다로의 연인처럼
죽어서도 목숨 걸

네 속에 내가 살아갈
내 속에 네가 살아갈
그 이름 하나 갖지 못해

오랜 밤

그림자 없는 한 남자로
그림자 없는 한 여자로
소멸인 듯 소멸하듯 살아가는

보성 열화정

난간의 그림자가 석양에 허물어진다

층계 돌담이 서서히 지워지고
묵직이 열화정 현판이 달빛에 가라앉는다

고요하다

어둠살이 번지는 서까래의 한 생이
연못 깊숙이 빠져든다

차마 발길 돌리지 못하던 세월이
벽면에 먹물처럼 흘러내리고

농익은 그때 그 춤사위
허공 속에 깊다

천년의 시간 품은 동백나무에
귀를 댄다

붉은 꿈을 꾼다
또 붉은 꿈을 꾼다
내 눈에 뜨거운 눈물이 흐른다

철철 피 흘리는 너의 넋, 삭아져도
너를 잊은 적 없다

추동제

한여름 옥빛 속 강가
고요히
젖은 꽃이 핀다

어쩌다
이 깊은, 바람결 안에서
눈멀고 귀먹어

내 어머니랑
가지가지
오로지 분홍빛으로 피어

속절없이

한 두세 달쯤
살다가 나왔으면

맥문동

물방울 또르르 말리기 전
물기 머금은 여린 곡선이 연둣빛에
일어선다

한 줄기 바람 스치고
온전히 너와 나
눈멀어도 좋을

간절해서 절실해서 틈새마다
울컥 차오르는
눈물을 밀어내고 있다

없어질 듯
없어질 듯

네 속에서 고향 같은 빛깔로
다시 태어난다

설핏설핏, 한 남자가
꽃 그림자를 밟고 지나는

그해 여름

오진

오전 열한 시
마을 회관 스피커

딩동댕~
정적만 흐르고

시간이 지났습니다

다시, 딩동댕~
귀 쫑긋
팽팽해지는 반복 소리

시간이 지났습니다

모로 눕는 개 한 마리

여백을 비우다

운명적인 찰나, 또 멀어지는
프레임 속 운명
설핏 가라앉은 연지 빛 여명에
꽃대궁 하나 둘 깨어나
빛 부스러기로 토닥이면
시련도
근심도
아늑하게 느껴져
홀연히 그렇게 꽃피우지
이보시게 나비 양반
머가 그리 바쁘신가
좀 쉬었다 가시게나
소유한 게 적을수록 극락이 아니던가

도톰한 나이테 한 줄

빛 내림이 또 하나의 생각을 관통합니다
외지고 낯선 그곳, 너럭바위는 늘
그 자리입니다

풍경은 푸르고 청청합니다

내 눈빛과 피사체가 주고받는 이야기는
쾌락일까요
집착일까요

몽환적 그늘의 반영은
잡을 수 없는 외침입니다

무성했던 한 계절
무심히 피었다 지고

제 몸 안고 뜨겁게 앉는 팔월
내 허기진 언어의 눈물 한 점을
내려놓습니다

바람 부는 남쪽을 지나
한 생을 태우는 일이 늘 모서리 같아서

망연히 다시되 묻는

뜨거운 살점에는 표정이 없다

골 사이 그늘진 기왓장 넘어
절창의 한 수
매미 울음소리가 적나라하게 한낮을 찢는다

땡볕 여름
심장 터질 듯 등줄기 타고 흐르는 땀은 식을 줄 모르고
꼭꼭 숨긴 거리의 얼굴
이방인의 부고처럼 무덤덤한 표정이다

지문조차 새기지 못한 생이
뜨거운 열기를 이겨내지 못하고
돌아갈 수 없는 허공에서 무심한 듯 마침표로
툭 떨어지는 풋감

한여름 간신이 견뎌온 붉은 고추
불기둥 속에서 울음 비틀며
헛것인 몸뚱이로 다시 태어난다

사람 사는 세상이

열매도 아닌 것이
사랑도 아닌 것이
외침도 아닌 것이

노란 똥물 게워 내는 거보다
힘겨운 게다

땀과 땀 사이 따가운 귀산리 팔월
붉어진 몸이 버겁다

잠시 울다가 가요
- 내가 내게

아픈 뺨 위, 흐르지 못한 눈물이 있다는 걸 알아

홀로 무던히도 한 방향만 애썼던 미련
괜찮아질 거라는 희망으로
말없이 버텨 온 길고도 긴 하루

왜 지금 나였는지 눈물이 나
그래, 세상사 그늘 없는 사람이 어디 있겠니?

버티고 버티다 힘들면 그 자리에 주저앉아
하염없이 울어도 돼
펑펑 눈물짓다 보면 다 지나가지 않을까
그런데 너 그거 아니?

"풀 한 포기도 슬픈 것보다 더 아파하며 자란다는 것"

그러니까
너무 아파하지 마

그동안 너를 위해 얼마나 많은 것들을 해 왔는지 돌아보렴
오늘이 지나면 좌절도 무너짐도 없을 거야
이 순간이 잠시, 아주 잠시 일 거야

토닥토닥
고마워 병효야! 잘 견뎌 와서

풍경은 그냥 울지 않는다

허공 속에 있다

생각에 잠긴 알몸
오래전 남겨진 생각을 기억해 낸다

본시 두드려야 성이 풀리는
족속

뼛속까지 비워내도
절대 눈을 감지 않는다

헛것인 몸뚱어리가
바람에 잃어야 한다

텅 빈 채

누구인지 모르면서 나는 죽고
나는 간다

속진 응어리 두드리며
댕그랑댕그랑 운다

소쩍새

어이 달랠까 흐르는 눈물

젖은 손수건 꼭 쥐고
소쩍소쩍 소쩍새가 우네

질긴 인연
이제는 영영 볼 수 없는
반쪽 달 안고

시리도록 울음 쏟아내네

이 밤 다 가도록
소쩍소쩍 우네

제
4
부

시간의 낙엽들

너무 늦은 비애

성난 지구가 그림자를 집어삼켰다

부글부글 익어가는 정오
속절없이 푹푹 빠져드는 비명

이미 경계를 넘어선
불안정한 알갱이가 발아래 물컹하다

시간의 속도보다 더 먼저 뭉클해진
의문으로 가득하다

뿜어낸 어제의 매연
버려진 오늘의 오물
깊어지는 내일의 의문, 숨소리가 거칠다

내 인생의 남쪽

앞서간 발자국이 사라졌다

애써, 외면하는 시선 넘어
낡은 신발에 박힌 삶의 무게가
빼꼼히 나를 훔쳐보고 있다

하루를 이별하는 순간까지도
온 지상을 감식하는 질긴 밑바닥의 근육은
긴장을 풀지 않는다

밑창의 비애는 마를 눈물이 없다
가늠할 수 없는 발톱
무엇인가 움켜쥐어야만 산다

맥박이 뛰는 동안 마지막 변방이란 없다

귀산길 그 어디쯤
군살로 탱탱하게 부어오른
발등이 훑고 지난 자리마다 울컥
목이 멘다

저 억겁의 걸음 뒤
내 인생 밑바닥에 뛰어든

꿈의 문

가끔은 모든 것들이 낯설다

내 침실의 고독과
내 창의 풍경과 수많은 상념들
외면하는 무엇이
때론 거울 속 이방인 같은 나는
모르는 얼굴로 나타나 화들짝
놀라기도 한다
수취인 불명처럼
모르는 사이
호주머니 속 차가운 손으로
모른 채 살아가고 있다

초설

어떤가요, 그곳은
그 노을 여전히 아름답나요
비 내릴 때면
촉촉이 받아내던 눈빛
여전한가요
미처 들여다보지 못했던 지난 편지

어느 겨울
문득, 하얗게 스미는 동안
내 무딘 심장이 서러워
그대에게 다가설지도 몰라요

하여, 오랫동안
편지 속에 포개어진,

하얀 저고리

아련한 볼연지
끝자락에 물든 연분홍빛이
살푼 소맷단에 스미면

연잎 하나
이다지도 어여쁜가

한 가닥 곡선 위로
한차례 먹구름 지나가고

세찬 비바람에
휘청이는 꽃대궁

날 품듯 포개진 하루가
꽃잎에 지네

꽃다지

빈 둥지를 지키는 고독한 숨소리가
아흔 고개를 넘는다

한낮을 쥐었다 펴는 옅은 가랑비가
노모의 눈썹을 적신다

몇 걸음 걷다 멈춰 서서
바람에 오르는 찢긴 비닐봉지를
물끄러미 쳐다본다

분분히 피어나는 저승꽃
짧은 한 생이 꽃비에 스며든다

팔월의 눈사람

연둣빛이 창가에 뭉클하게 번진다

심장으로 흘러가는 강

상처의 샛강과 통증의 샛강이 합쳐져
여러 날 시간을 얹고 마침내
바다로 흐르듯

맺지 못한 인연은
사유의 껍질 안에 상실증처럼
탈속되지도 못한 채 서러워 웃는다

질곡 진 감정들

잠시 머물다 지나가는
모든 열망 조금씩 더 조금씩
비워내며 새삼 깨닫는다

멀리멀리 증발하고 싶은
내 시야의 능선들
도무지 거역할 수 없는

탐하다 버려진 풀 한 포기
생은 또 어느 골목에서 배회하나

연잎의 이면

보랏빛 마편초 너머 비 내리면
꽃 진자리

작은 슬픔이 고별로 포개진 채
물가에 떠있네

긴 시간 그대여
참아줘서 고마워요

붉어서 더 슬픈
- 꽃무릇

슬픈 빛깔로

내 가슴에 뛰어든

단 한 사람

산당화

비밀문서처럼 꼭꼭 숨겨놓은
정체 모를 마음이
한 움큼씩, 풍장처럼 절벽에 걸려
세월을 앓는다

애잔한 눈물 자국

차마 주저앉을 수 없어
허기 하나로 밀어 올린 꽃대궁

뉘 울음까지도
만져지지 않는 저 여백에 뜨겁게 필사하나

아.
감당할 수 없는 몸짓

은밀한 정적 속
너

지층 어디쯤
한 겹씩 발라내며 환해지는

페지

하현달 아래 한 잎 등을 본다

날마다 달맞이 언덕 넘는

할미꽃

가려진 세상

부디, 아프지 마시라

산비둘기

찌는 더위
소리마저 뜨겁다

어디쯤 있을 것만 같아
목 터져라 불러 봐도
잡풀만 무성하다

허공 깊숙이 선
울 엄마 좋아하시던

"하얀 접시꽃"

애간장만 지나간다

삶

삭제된 흔적이 배회한다
유유히 빠져나간 노동의 살점들
생生은 분질러지고
빈 통장 페이지를 넘길 때마다
짙게 새겨 놓은 나이테가
마른 기억을 삭제한다
돌아눕는 한숨
산다는 건
하룻밤 숯덩이 속에
태어나고 죽는 것
기다리지 않아도 기어코
오는 것

인생 항로

음산한 바람이 이는 날
어긋난 해도를 이탈하여
밤바다를 표류하는 배 한 척
그 어디에도 한 치 앞이 보이지 않는
마지막 신에게 절규한다
막막함이 눈물마저 접는
몸 부딪는 소리
움찔, 몸서리 친다
암호처럼 일렁이며
수천 번 다시 일어서는
통제 잃은 눈썹이 세상에 지워져 가는
이승과 저승사이
갔다가 되돌아오는
지난 삶이 꿈인 양 낡아
탈색된 채 새벽이 오고 있다

독백

어스름 따라 무겁게 처진
어깨 위로 안개만 자욱합니다

가지 사이로 잔잔히 스미는 빛 내림

짙어진 저 숲길
안개에 푹 젖었다 사라지고

미처 다 놓아주지도 못한 채
저 꽃잎 속에 한 계절
끊어진 연실처럼 사라집니다

빛 고스란히 담고
꽃대 올리는 접시꽃

눈물 날 것 같은 소쩍새 소리

눈 감았다 뜨면 엄마 냄새 같은
치자 향기

빛과 바람
그리고
안갯속 평화로운 공간

산다는 건 조금은 외롭지만
잠시 마음 두고 가도 좋을

잔잔히 안개 걷히는 아침입니다

산사의 아침

푸른빛 여명이 허공으로 번진다

천 갈래 만 갈래 생각이
촛농에 흘러내리고
비밀인 듯 그 속내를 드러내지 않은 채

달마산 아래 목탁 소리가
마냥, 은은하다

때로는 안이 바깥을 더 간절히 원하듯
안갯속 부처는 캄캄한 어둠 지나
새벽을 끌고 간다

에인 속 견디며 응진당 저만치
무량한 꽃 한 송이 해탈하듯 터진다

말갛게

하화도*

바라보다 명치끝이 덜컥 주저앉은 곳
비릿한 목소리가 옷자락을 잡아당긴다
억 만년 홀로 출렁이며 냉기 서린 한 세월이 무심하다
움켜진 속설로 채웠던 사연
안녕이란 안부가 문을 열어도 기척하나 없다
최후의 통첩을 알리듯 그 속내가 긴박하다
부여잡은 안간힘
한숨 같은 간절함이 안개에 휩싸인다
한번쯤 꼭 안아주고 싶은 얼굴이 여기 있다
울컥 쏟아낸 이름 하나가 여기 있다

* 고흥군 도양읍에 딸린 섬

너의 새벽

뻐꾸기 울음소리가 적막을 깨고 있다

옷깃에 물들 분홍빛 덩굴장미
봄날 울타리에 매달린 채
시리도록 눈물 훔친다

누군가 떠나고
누군가 돌아오는 시간
신발 하나 닳지 않는 인적 끊긴 골목길
빈 시간만이 피고 있다

지문처럼 박혀 풍화되며 살아가는 오늘도
당신의 그림자를 모서리에 심어놓는다
가끔은 바람에 귀 기울이며
너의 체온을 탐한다

풀잎

그리운 날 그립다고
말간 웃음에 풀잎 띄워 보낸다

한 계절 자주달개비 지나는

당신과 나
아득한 경계에서 가슴 비우며 아파해야 하는

잊으려 하면
가슴 위태로이 지난 자리마다
피어나는 풀잎

푸른 눈물 위로 한숨 떨군
걸음

정녕, 사는 게 외롭고 아려서
삼백육십오 일 날 하루같이
커다란 돌덩이 하나 안고 사는 유죄라
이름 하나 품지 못한 채 가슴골이 멍든다

뭉클뭉클 끓어오르는 먹먹한 채기로
인연 아닌 운명 같은
붓꽃 숨죽여
소쩍새 우는 긴 밤

허기진 만 년 숨죽이고 불면의 밤을 보낸다

꽃잎 편지

그 옛날, 군대 간 아들이 보내준 편지를 받아 들고
노모의 두 손이 파르르 떨린다

풋감처럼 무거운 까막눈

도무지 알 수 없는 어설픈 문장
철자법이 이웃 청년을 당혹스럽게 한다

도통 모르겠어요?

"괜찮으니까 그냥 읽어요
내가 다 이해하니까"

더듬더듬 읽어 내리는 내내 어미는 먼 허공만 바라본다

찡한 가슴 한쪽에 묻어둔 덩어리
울컥 차오르는 눈물
숨죽여 흐느끼며 이름을 불러본다

목숨보다 귀한 편지를 가슴에 품으며
온기를 머금은 이 순간
지상에서 가장 행복하고도 따뜻한
만상을 가진 부처 같다

치밀어 오르는 목멤
먼 곳, 멍 하나
숨소리 닿을 듯 닿을 듯 보고 싶은 세월이
어미의 살점 푸르게 돋는다

못 자국

팽팽한 틈새 온전히 피워 내지 못한 생이
꿈속에서 붉은 녹물에 버무려져 혼절한다
제 안에 망각의 시간
삭정이처럼 되살아나 내 청춘 모서리에
찔린
그 시린 기억을 헤집어 놓고 사라지곤 한다
내면에 똬리를 틀고 있는 사악한 존재
불멸의 어둠은 언제쯤 내 꿈에서 사라질까
잠시 머물다 지나간 한 시절이
오늘 밤도 넋 나간 채 휘청거린다
바람에 매달려 충혈 된 뒷모습
탈수마저 되지 않는 잠결에 들리는 저 악몽의 소리
내 살을 발라 먹고 있다
패인 웅덩이에 이윽고 밤이 미로 속으로 배회한다
악연 같은 그 인연이

피안의 고요

메마른 가슴 젖어 들거든
선암사 승선교에 털썩 주저앉아
목울대가 토해내는
노랑 상사화를 보시라
여미다 다가서는
바람은 고요를 깨우고
봉인된 알몸도 부풀어 오른다
천년의 물결소리
짙은 꼭짓점에 걸린 풍경 소리가
넋 인양 맑고
쓰라린 몸 자국 지우며 세우며
제 몸 사르는 시간의 길 끝에
아,
고요 속에 고요로 사는 이
홀로 피어 가나니

나를 지켜보던 날

세월의 무게가
돌담 한쪽 주저앉혔다

까마득히 먼 시간
누군가 스치고 지나쳤을 길
설렘조차 사라진 길목
조용한 그늘
흙벽 등 기댄 죽단화

스며드는 꽃을 보며
깨끗하게 살아야 하는 이유 알았다

그리운 게 봄만이 아니어서
해 다 저물도록
날리는 저 꽃잎처럼

스쳐 가는 한 사람

약속의 부재

저문 뒤꿈치 표정이 쓰다

등 뒤 지나는
그림자 위로 비가 내린다

계절 어디쯤
낯선 숨결처럼 스치는 바람

마지막 티켓 한 장
빗물에 젖어 흐느적거린다

적막한 어둠의 공간
매듭조차 풀지 못한 채
아득히 멀어지는 이름 하나

마지막 열차 소리가 모질다

제
5
부

저녁을 끌고 간 불빛

백운사

연분홍 봄빛이 법당에 가득하다

돌계단 오르는 발자국 소리
목탁소리 끊어질 듯 이어지고
산길 이십 리
향내 피어 법당 가득하다

무디어진 가슴
마음 궁핍하여 두 손 모으니
꽃살문 넘어
꽃잎처럼 여려지는

잊지 않았다는 듯
여래상 미소가 가득하다

만월산 아래 흘려보낸
말간 웃음 붉어져
뒤돌아보니 탑 하나가 풍경 속으로
사라진다

하르르

이제서야 꽃이 진 줄 알았네

계절이 떠난 뒤 생각나듯
헝클어진 상념들을 거두지 못하여
잠 못 드는 밤
마음이 으깨어진 채 왈칵 눈물이 났네
지난한 세월도 잔혹한 유죄 같아서 비틀대던 삶
한 뼘 더 높은 곳으로 오를 때마다
마음만 공허해
바스락 부서질 것처럼 건조했네
생은 언제나 힘들고 고달프지만
환하게 웃어주는 한 줌의
햇살로 살아가네
미소 짓는 바람으로 살아가네

아,
하염없는 봄날은

해금강

바람이 앉는다

파도는 세월을 몇 천 년 핥아야
저토록 아름다운 풍광을 펼쳐놓을까?
천둥 벼락조차도 절벽 난간에 무릎 꿇고
무덤덤히 견뎌온 사자바위 앞에 허물어졌다
생존의 본능
노송은 침묵의 빛으로 거친 바위에 몸을 박아
뿌리를 내렸다
거대한 바위 절벽의 위엄
색칠하듯 듬성듬성 초목이 끼고 틈과 틈 사이,
마치 폭포가 흘러내릴 듯 장관이다
눈길 하나하나 스칠 때마다
소리 없이 스며든다
시간이 시간을 밀며 비밀을 키워낸 수많은 전설이
다시 끝자락에 부푼다

무심

시선이 닿는 곳마다 눈이 행복합니다

바람결 따라 향기가 가득하고
뭉클한 빛깔
당겨 오르는 벅찬 생명
잊었던 그리움이 되살아나듯
하늘 가득합니다

가슴에 문을 열면
지천으로 야생화가 하늘거리는
오, 싱그러운 초록의 혼이
사월 곁에 쏟아집니다

무심히 바라다보는 방장산 저쯤
연두에 서성이는 그윽한 봄 봄날입니다

수수꽃다리

빗줄기에 점점 중독돼 간다

이 달콤하고도 고독한 직선에서
지난날 뒷모습을 보듯
빈 의자처럼 적막하고 허한 기운만 그지없는 시간
먹고 살기에 바빴던 한 세월
멍들고 짓무른 감정을 애써 다독여본다
토도독 시멘트 바닥에 튀어 오르는
저 무량 하고도 싱그러움
어디쯤에서 나는 고단한 영혼을 잃는다
막연한 기다림처럼
후미진 구석까지 오늘은 온종일 너로 흠뻑 젖었다
사선 가로지르는 새 한 마리
너인 냥 이내 사라지고

홀로 피어도

이 가난한 세상에도 부자로 사는
그 무엇이 있습니다

가난 안에서 꽃을 가꾸고
가난 안에서 행복을 가꾸고
그 꽃처럼 만발하여 향기롭고

진정 가난하기에 아름다움을
아는 것입니다

꽃은
그대에게 애달픈 가슴이 되고
때론 서러운 꽃이 되어 피기도 하지만

가난하기에 꽃은 더 애틋한 몸짓으로
곱게 무늬 지는 까닭입니다

가난은 죄가 아니라서
저만치 각기 다른 인연으로
눈물 젖는 일인 줄 모르는 일입니다

깊은 산속, 한 송이 들꽃같이

꽃 그림자

산벚은 어느새 산사를 하얗게 풀어 놓았다

화르르 날아오르는 저 무장한 꽃잎들

햇빛 내리는 담장 아래 노란 개나리가 흐드러지고
온몸으로 번져오는 짜릿한 봄의 향취가 몸을 톡톡
터트리며
맑은 영혼을 불어놓는다

깊고 은밀하게 한 뼘 더 낮은 곳으로 내려가면
환하게 피어나는 조팝나무 무리가 봄빛으로 차오른다

문득 너에게 물들고 싶은 시간

꽃 그림자마저도 깊어지면 어디쯤 그 자리에 서성이는
내 발자국이 형형색색 물결에 눈을 헹군다

아, 저마다 차가운 겨울을 견디고 다시
꽃물로 번지는 계절

꿈결 같은 봄날
청명한 하늘은 빛깔마저 고와

꽃그늘 아래 꽃잎 받아내며
당신에게 가고 싶은 시간

선물 같은 한낮, 열병처럼 뜨거웠던 젊은 날이
모두 여기에 꽃잎으로 벙그는

아무도 열어주지 않는 문

녹슨 편지함 밑에 떨어진 흉흉한 소문들은
늘 춥고 어둡다

저 어둑한 그늘
더 이상 새것이 찾아오지 않는 굳어버린 빈집

흙벽돌보다 무겁게 살아온
몇 평의 미궁 속에
낡은 거미줄만 아슬아슬하게 걸려있다

주인장이 떠난 텅 빈 마당 가
혼자된 빈 소주병만 남아 윙윙 소리 내는 밤

쉰내 나는 오랜 적삼처럼
좁아터진 벽면에 표정 잃은 흑백사진 하나가 위태롭다

애벌레처럼 생명의 물기가 빠져나간 저 출구 끝

아무도 열어주지 않는 창 넘어
갯벌에 처박힌 폐선 한 척이 어둠을 돌돌 말아
새우잠을 청한다

환승 이별

벚꽃 흐드러진 봄날
눈 맞춤조차 어찌 못하고
발소리 영영 멈추었네

울적한 날이면
목청껏 부르고 싶은 이름

아버지

남겨둔 당신의 언어가
침묵보다 더 깊이 그리움 되어

꽃잎 따라
점멸등 깜박이며
영혼이 바람에 쓸려갔네

그 흔적 벌써 20여 년
애잔히 당신의 안부를 묻네

포구에서 온 편지

충남 서산 어느 갯마을
노인네들 모두가 일어서면서 아이고 아이고야
저린 무릎을 움켜쥔다
어르신 올해 연세가 어떻게 되세요?
"응, 죽게 생겼어"
나, 87이여!
여기 다들 80 넘었어
다 써버린 인생만큼 뻘밭도 세찬 바람에
허리를 움켜쥔다
갖고 나온 신문지를 태우며 추위를 달랜다
갯가에는 어느새 밀물 들듯이
탱글탱글한 굴이 망태기에 그득하다
돌아서는 주름 속 눈가에
한 떨기 꽃이 피듯 미소가 가득하다
몇 개 남은 이빨 사이
낡은 바람이 서성이고
땀으로 흩뿌려 놓은
뻘밭에는 숨 가쁘게 살아온 한 인생이 산다

산동 山洞

노랑 꽃물이 곱기만 한데 오시라 말도 못 하고
하루살이 저만치
지리산 자락에 오른다
한 줌의 생기가 낭창하게 쏘아 올린 봉오리
며칠째 몸살이다
노란빛 아우성으로 봄볕 아래 하나둘 향기를 빚는다
벌써 봄이다
한 모퉁이 또박또박 꽃으로 새겨놓은 이름
새들은 날개를 파닥이며 우듬지 끝은
휘모리장단에 흔들린다
팽팽해진 꽃잎들
아른아른 아지랑이 짙어지고
온몸으로 봄을 받아내고 있다
환한 웃음, 꽃을 마주치며
데크 위로 부푼 연인들이 지나간다
문득 떠오르는 생각
산수유 같이 고왔던 내 어머니 모습
가득하다
있는 듯 당신은 아득해서 노고단 기댄 3월
깊이 스며든 풍경이 개천 품고 곱다

무인 등대

놓쳐버린 출처를 찾으려 주소 없는 바다 위
털썩 주저앉았다

깊이 묻어둔 꿈들이 바위틈 사이로
비문처럼 꼬깃꼬깃 굳은살 박혀 얼룩으로 서 있다

연소하지 않은 인연의 반쪽
구름 곁에 불어 터진 채 홀로 걸려있다

고립의 빈칸
삐딱하게 서 있는 무거운 속내
녹물로 새어 새벽을 삭제한다

붉은 눈빛으로 죄다 비집고 들어서는 갈매기 울음
저리는 저 절박한 사유

섣달그믐
바람 앞에 불빛을 비추어야 하는 이유를

금둔사 납월매

바람은 댓잎을 비빈다

홍매는 흐르는 물살에 천년을 비우며
오랜 세월 동안 눈시울 붉어진 사연은

가녀린 질량만큼 제 살 문지르며
용케도 견뎌 왔다

애타게 피다 지는 한낮
담장에 걸어둔 이월이 수줍다

틀니

으깨진 날선 새벽녘

물집 잡힌 발가락이 쓰리다고 칭얼거린다
갈라진 손등은 어둠을 걷고
신전인 듯 곁을 지키는 낡은 좌판이 평온하다
자식 향하던 발끝
하루살이처럼 한 우물만 파던 질긴 땀내
비워지는 인생만큼 채워지는
그 오래전 젖먹이 자식을 벼랑 끝에 남겨두고
훌쩍 떠나버린 아비의 얼굴
차마 보내지 못해 곪아 문드러진 지난 세월
진 땅 마른 땅 세상모르고 살았다
참다 참다 통곡하는 눈물
삭아버린 간판을 새삼스럽게 바라본다

"묻지 마라 묻지 마라
굽은 허리
네가 나의 역사다"

이방인의 오후

봄이 피네

세 들어 사는 저 꽃잎들 속에
히어리, 매화, 동백꽃이 봄을 빚네

무거운 잠에서 깨어난 포클레인
땅속 거주지 옮기며 새로운 바닥을 낳고

팽팽한 토관을 이으며 단단해지는 사람들
리어카가 지나간 아득한 끄트머리 어디쯤

멋진 소나무 정원수를 베개 삼아
한 사나흘 브람스 자장가를 듣고 싶은 날

아지랑이 도랑가 스며들고
아직은 봄길 낯설어

서투른 봄 한 점 눈에 넣고
바람도 익지 않은 그늘을 지나
발자국 문지르며 돌아서네

발자국 없는 허공

저기, 복도 끝에서 중앙 식탁으로
휠체어가 분주히 이동이 시작된다

고요가 소란을 삼킨 20여 분
극한 세월 살아온 딱지는
오직 붉은색과 푸른색만 공존할 뿐

조이고 조이며 살아온 녹슨 흉터의 흔적
이젠 헐거워진 채 시간 안쪽으로 말라간다

더는 싹 틔우지 않는 빈터
존재의 기억보다 흐린 기억 더 많은
거친 숨소리만 수면 위를 긁는다

안간힘으로 두 눈 껌뻑이며 천장만 응시하는 소매 끝
아직 그리워할 그 무엇이 남아
상처 짓무르며 생을 받아내고 있다

프레임 속 배후

누군가 보낸 악플에 하얀 밤이 모로 눕는다

낯선 간이역에 울리는 카톡 소리
흘러넘치는 실없는 농담이 긴 철로에 녹아내린다

태어나고 사라지는 틈 뒤에 무수히 되살아나 자라는
유희의 세상

구멍 난 심장을 싣고 달리는 삼등 완행열차

우리의 감정이 어둠 속으로 식어갈 때
또 다른 이야기에 빠져든다

소리 없이 지워낸 유폐된 눈물
투명한 마른 혈관 위에 검 하나가 기웃거린다

끝내 보여주지 않는 긴 혀의 배후

내일도 비
- 장마

한낮이 한밤중이다

덜거덩거리는 세찬 바람이 오전 열한 시 알리고
황소 울음소리에 낮달도 잠긴 시간

위태롭게 걸려있는 벽시계
안전 재난 문자에 촉각 세우는데
파문 일으키는 초침이 재탐색 중이다

움틀 거리는 이동성 고기압
슈퍼컴퓨터가 물갈퀴를 재촉하고

툭, 분질러지는 지하차도 침수 사고
참사를 알리는 뉴스에 싸늘하게 식어간다

물방울

쉬이 발설하지 못한 채
붉은 녹물로 꽉 잠긴 자물쇠통

눈물의 무게가
언어 속 부재로 낡아 낯설게 지나간다

어둠과 벽 사이
비릿하게 번지는 곰팡냄새가
어느 막장 광부의 각진 기억을 더듬는다

무겁게 다가서는 얼굴
팔 뻗어 닿을 듯 닿지 못하는
뭉클한 감정만 매단 채

비운의 대칭점에서
빛마저 말끔히 지우며

짜릿한 비애 같은
저기 알 수 없는 바닥에 눈물처럼
떨어지는

아,

참다래 6호실

직립은 오래전에 무너졌다

80여 년 세월을 돌고 돌아 붉은 열매 하나가
종일토록 옹알거린다

계절마저 져버린 긴 시간
메아리 소리마저 아득해지는 숲
축 늘어진 가지는 애써 새싹을 탐한다

조글조글 마른 껍질
연약하고 가는 부름켜에 죽을 만큼 버거운
수액이 흐르고

역류를 꿈꾸는 미세한 떨림
애써, 마지막일지도 모를 희미한 계절을 꿈꾸며
한 모금 물을 당긴다

생존은 바람 같은 것
짧은 볕 틈 사이 봄은 아직 멀어

그리운 면발

한껏 부풀다 오른 육신은 뜨거움 절정에서
찬 물줄기에 몸을 푼다

여인네 속살 같은
말알간 은유가 허물어지는
결 고운 하얀 순백

그리운 이 향해 대접 속에 몸 굽어
치장을 기다릴 때

화려한 그라데이션 고명으로 감탄사를 얹히고
눈빛 당기던 내밀한 온기는 경계를 허물며
벼랑 속으로 떨어져 내린다

저만치 밀어놓은 빈 그릇

사라진 흔적이 슬픈 곡조마냥 당신은 가고
순식간에 한 생이 꽃피었다 졌다

털어내지 못한 중독된 기억이

사파(Sa Pa)를 거닐다

억겁의 세월이 흘러야 만날 수 있다는 인연
그 실마리를 풀러 고행길을 나선다

이것이 이승의 마지막 만남이라면
막연한 믿음 하나만으로 길을 나서는 것

천둥 번개 스콜 쏟아져도 간다

고요 안쪽, 안개가 밀어낸 장엄한
산맥 아래 곡선의 계단식 논

성큼 다가선 갈 빛깔
제법 살 오른 벼 이삭이 각질을 벗는
안식의 시간

숨겨놓은 바랜 추억처럼 산자락에
점점이 박힌 마을이 덕지덕지 박혀 있다

긴 그림자 안고
느린 보폭으로 사라지는 하늘빛
닮은 깟깟 마을 사람들

한 점 날숨이 스친 자리

산 그림자처럼 비어가는
판시판의 서쪽 하늘
어떤 언어로도 표현할 수 없는 순간

아스라이 기억 넘어 노을 지는
어디쯤
나를 바라볼 풍경 한 컷
빈 술잔에 마음만 출렁거린다

감사의 글

보고 싶은 경형에게

거룩한 침묵이라 했던가 네 목소리에 달빛이 환하다 목이 멘다 세월이 가고 오는 동안 속상하고 힘들 때 위로해 주고 허전함을 달래주며 말 되신 따뜻한 시선으로 바라보던 너 매사 모든 것 너그럽게 받아들이고 성실히 멋지게 살아가는 친구가 나의 한 줄기 빛처럼 다가왔다는 거 그거 알아? 사랑하는 친구여 뒤에서 물심양면으로 도와줘서 머라고 감사해야 할지 모르겠다 자네가 있어 외롭지 않아 멀리 떨어져 있어도 나, 그저 묵묵히 네 옆에 있을 테니까 진정 죽는 날까지 소중한 친구로 살자 꾸나 오늘따라 유난히 너무 보고 싶네 열심히 건강하게 살아줘서 고맙고 늘 건강했으면 좋겠어 올해가 가기 전에 기꺼이 남쪽에 한번 오시게 막걸리 한 주발 어떠신가?

*흡수액 전문 기업
경인테크 대표 임경형

때론, 눈물도 꽃처럼 지더라

어스름 녘 둥지에 낮달이 잠긴다

저 깊고 깊은 어둠 속
허공에 내던진 상처 진자리마다
한 줌의 무게로 여린 열매가 시간을 벤다

산 것과 죽은 것

그 경계에 종소리는 달빛 깨물며
촘촘히 어둠 접는다

연푸른 초사흘
소쩍새 울음소리가
수줍은 듯 잠들고

평생
그늘 먹고 자란 그림자
별 하나 품고 안부를 묻는다

사는 게 벼랑 끝 슬픔 같아서

그대여!
내 잔등殘燈* 끝점 슬픔 아시는지

* 잔등 : 깊은 밤의 꺼질락 말락 하는 희미한 등불

〈발행인의 말 – 서평〉

묵묵한 인내로 쌓아 온 **문장들의 여정**을 선명한 삶의 지도에도, 비포장 길 하나로 주행하는 김병효 작가

박 선 해

 부단한 인내와 자신의 삶에 대한 깊은 성찰을 하며 인생에 있어서 사람의 가치를 어떻게 사용하다 가야할 지를 고뇌하는 김병효 작가. 자기 주도적 삶은 실제적 이어야 함에 그 기준을 둔 감정과 감성을 풍부히 소유한 김병효 시인은 사진작가로서도 더욱 진지하게 포착할 지점에 관찰을 통한 포인트로 '행동하는 인문학'에 있어서 확고한 인생길이다.

 18p 화성에서 온 달팽이

 주제와 상징성을 찾아 쓰려는 시인은 삶의 무게와 고독에 대한 사유의 시간을 많이 가진 모습이 시에서 드러난다. 인내의 여정을 화성에서 온 달팽이라는 독특한 존재에 빗대어 표현한 작품이다. 달팽이는 느리고 연약해 보인다. 긴 촉수 더듬이로 끊임없이 움직이며 이동한다. 그래서 달팽이는 강한 생존의 상징이라고 할 수 있으며 우리는 그 달팽이의 생태 습성을 배울 필요성도 있다. 시인도 '화성에서 온'이라는 설정으로 이방인 혹은 낯선 풍경 속 존재로서 자신을 바라보는 시인으로서의 시선, 또는 삶에서 느끼는 소외감을 엿보여 준다. 느릿느릿 움직이는 달팽이의 모습을 '천근을 짊어진 삶', '안갯속', '거친 숨소리', '뭉그러진 땀자국' 등 구체적이고 감각적인 묘사로 표현해 김병효 작가는 자신 혹은 그와 비슷한 삶의 고단함 속에 꾸준히 전진하는 자세를 생생하게 전달한다. "목을 삭힌다", "세월을 훑으며", "뜨거운 몸짓", "야윈 어깨" 등 독특한 어휘와 표현이 시의 분위기를 더욱 깊이 있게 만들고 있다. 또한 희망과 끈질긴 의지를 읽을 수 있는 부분이 '저 장엄한 땅 끝', '빛을 쫓아', '비릿한 새벽을 오른다'는 구절은 어둠과 혼돈 속에서도 끝까지 빛을 향해 나아가는 모습을 암시해 주고 있다. 여기서 우리는 버팀이란 무엇인가! 라는 인내가 사람에게 작용하는 기대 효과와 희망을 상징하는 공감은 김병효 작가의 특징성과 울림을 갖는다.

[뒷표지작] **틈, 시간과 흔적 –명옥헌**

연못가의 물안개가 걷히면서 점차 선명한 풍경을 통해 오래된 시간의 흔적과 사유의 깊이를 나타내고 있다. 세속을 잊은 누각과 그곳을 날아오르는 새들은 일상과 초월 사이에서 머무는 정서이며 삶의 무게와 그리움을 동시에 표한다. 시간과 계절의 흐름 속에 남은 "질긴 질문"이 마음속에 맴돌아 허공을 흔드는 모습은 내면의 갈등과 치열한 생명 의지의 상징성을 가진다. 연분홍빛 꽃그늘 아래서의 한결같은 마음과 견디지 못한 탄성 같은 말들이 한때 자리에서 내려앉는 장면은 인간 내면의 고뇌와 위로가 교차하는 순간을 포착한다. "심오한 비밀에서 왜 몹시도 살고 싶은가"라는 물음은 삶에 대한 절박한 갈망과 그럼에도 불구하고 무겁고 고된 마음을 동시에 담고 있어 시는 깊은 울림을 준다. 팔월의 뜨거운 불길과 떨어지는 계절의 향기는 시간의 무상함과 감정의 고조를 생생하게 묘사하며 발자취 소리와 눈물겹도록 아찔한 순간으로 귀결되어 시를 음미하는 잔잔한 감동과 여운을 더한다. 여기서 김병효 작가의 시간과 기억, 삶과 죽음, 존재의 의미를 깊은 성찰과 섬세한 이미지로 표현한 성향이 돋보이는 수작이다.

26p 난간의 미소

여기서는 자연과 인간의 내면적 고통, 그리고 그 고통을 견뎌내는 의지를 세심하게 표현하고 있다. 돌탑과 너럭바위, 이끼, 푸른 멍과 같은 구체적 이미지들이 시각적이고 촉각적인 감각을 자극하며, 해묵은 갈증과 전율은 내면의 갈등과 긴장감을 불러일으킨다. "너의 육신과 내 육신이 바짝 끌어당기며"라는 구절에서는 인간관계의 밀접함과 상호작용이 자연의 힘과 맞서며 긴장을 이루는 모습이 드러난다. 시의 중심 메시지는 절망과 고난 속에서도 무너지지 않고 '견고한 침묵'으로 자신을 지키는 의지에 있다. "무너지는 절망에도 버티자"라는 구절에서부터 이는 확고한 결의를 보여주며, 시인은 고통을 단순한 시련이 아니라 '나를 견뎌내는 것'으로 재해석한다. 따라서 시는 내면의 강인함과 끈기를 상징적으로 묘사하며, 고요하지만 단단한 삶의 태도를 전한다. 전체적으로 "난간의 미소"는 자연물에 비유된 인간 내면의 고통과 회복의 과정을 깊이 있게 탐구하며, 독자에게 참음과 인내라는 고진감래의 아름다움을 성찰하도록 안내하는 시라고 할 수 있다.

41p 장선도

바다 한가운데 우뚝 솟아 있는 작은 섬을 모티프로 인간 존재의 유한성과 그 너머의 세계를 사유하는 서정시다. 첫 구절에서 "긴 시간 해독하지 못한 채 숨 재우듯 몽환에 드는"이라는 표현은 작가가 삶의 긴 여정 속에서 우리가 끝내 밝혀내지 못하는 어떤 비밀을 품은 것으로 느끼게 한다. 이어지는 "질긴 이승역"이라는 말은 삶의 굴레와 집착이 얼마나 오래도록 이어지는지를 형상화한다. 섬은 "마지막 종착점 같은" 장소로 제시되며, 그것은 곧 생의 끝자락에서 마주하는 초월의 지형이자 내면의 성소를 상징한다. 태초의 원형적 공간, 동시에 "시름을 헹구고 나면 눈이 환해지는" 정화의 자리로서 섬은 단순한 자연의 풍경을 넘어 존재론적 상징성을 획득한다. 이 부분에서 주목할 만한 점은 "배시시 해국이 눈을 뜬다"라는 구절이다. 섬 위에 피어난 해국은 연약하면서도 밝은 생명력을 발하며, 인간이 삶의 고단함 속에서도 새롭게 피어나는 희망을 보여준다. 시인은 '아린 속내'를 드러낸 직후 꽃의 등장을 통해 생멸의 이중성을 섬세하게 대비시킨다. 결국 "사라지는 바람 한 자락 / 끝나지 않은 어디 쯤"에서 시는 열린 결말로 확장된다. 섬을 통해 도달한 듯하지만, 삶과 존재의 의미 탐색은 여전히 유예된 채, 끝남과 이어짐 사이를 부유한다. 따라서 「장선도」는 바다의 섬이라는 자연 풍광에 내재한 초월적 상징성을 섬세히 포착하며, 인간의 삶과 죽음, 그리고 다시 피어나는 희망을 서정적으로 그려낸 작품이라 할 수 있다.

43p 화마

이번 전국적인 화마의 불길이 휩쓸고 지나간 땅과 그 흔적을 통해 단순히 자연재해의 참상을 넘어 인간이 마주한 깊은 상실과 바짝 말라가는 쓰라린 심정을 그리고 있다. "붉은 여명"과 "매운바람"은 불길의 시작과 재앙의 전조 같은 이미지를 강렬하게 제시한다. "수천 년 무너진 폐허"라는 표현은 단순한 화재 피해를 넘어 오랜 시간 이어져 온 삶과 기억마저도 잿더미로 사라지는 절망의 모습을 암시한다. "검게 타들어 가는 허망한 한숨", "울음마저 끊어진 상처"와 같은 구절들은 목소리로 표현할 수조차 없는 상실과 절망의 깊이를 보여준다. 이는 인간이 자연 앞에서 얼마나 무력해질 수 있는지를 드러내는 동시에 그럼에도 살아남아 버텨야 하는 현실을 강조한다. 그러나 이 시가 단순한 절망으로만 끝나지 않는다는 점은 주목할 만하다. 마지막에 "신이시여!"라는 간절한 호소가 등장하며, 그것은 비록 절망 속에서도 다시는 같은 비극이 반복되지 않기를 바라는 희망의 기도처럼 들린다. 불꽃이 꺼지고 남은 사람들의 마음에 치유와 평온이 깃들기를 소망하는 지점에서 이 시는 마무리된다. 한 편의 자연 재해 기록을 넘어 인간의 집단적 상실과 고통, 그리고 신에게 의탁하는 간절한 소망을 동시에 담아낸 작품이라 할 수 있다. 우리는 이 시를 통해 보며 인간이 자연과 맞서는 모습, 그리고 그 속에서 간절히 구해지기를 기다리는 존재의 떨림을 고스란히 느낄 수 있을 것이다.

52p 귀산길 1 –눈물도 그리운 이유

한 개인의 삶과 기억, 그리고 그 속에서 느껴지는 상실과 그리움의 정서를 담담하면서도 절절하게 드러내고 있다. "평생 굽은 허리로 견뎌온 귀산리 회관 옆, 노송 한 그루"라는 구절은 오랜 세월의 인내와 역사를 상징한다. 굽은 허리와 노송은 그 자체로 지난 삶의 고단함과 견딤의 흔적을 드러내면서, 인간과 자연이 함께 겪어낸 시간의 무게를 함께하는 증언이다. 작가는 풍경을 단순히 묘사하는 데 그치지 않고, 바람 소리, 개

짖는 소리, 얼음 속 달빛 등 감각적인 이미지들을 통해 내면의 고독과 차가운 현실을 병치한다. 특히 "때론, 마른 모래알같이 울다"라는 표현은 울음조차 흩어져 남지 않는 공허함을 극적으로 담아내며, 개인의 슬픔이 얼마나 메말라 있는지를 드러낸다. 중반부에서 드러나는 "잦아지는 잔광, 눈먼 사랑, 흩어지는 시간"의 장면들은 집착과 상처로 얼룩진 지난날을 회고하며, 고통이 결국은 스스로를 소모시키고 흩어져 사라지는 덧없음을 일깨운다. 동백꽃은 차갑고 고독한 아름다움의 상징이며, 한순간 붉은 생을 내던지듯 떨어지는 모습 속에 시인의 존재 또한 겹쳐진다. 이 장면은 삶의 덧없음과 동시에 그 불가피한 소멸조차도 아름답게 기록하려는 태도를 보여준다. 사라져버린 사랑들을 차갑고도 서정적인 이미지를 통해 풀어내고 있다. 단순한 회한을 넘어, 인간이 겪는 고통을 다시 기억하고 곱씹는 것조차 '눈물도 그리운 이유'가 된다는 아이러니가 핵심 주제로 드러난다. 시간 앞에 무너져 가는 개인의 나약함과 동시에 그 속에서 끝내 남는 것은 눈물마저 그리워하는 김병효 작가의 인간적 감정을 느끼게 된다.

111p 하화도

'하화도'라는 특정 공간을 배경으로 삼고 있으나, 그 장소성은 단순한 지리적 의미를 넘어 기억과 교차 감정의 상징적 무대로 확장된다. "명치끝이 덜컥 주저앉은 곳"이라는 표현은 낯선 풍경을 마주한 순간의 충격과 동시에 내면 깊숙이 무너져 내리는 정서를 강렬하게 드러낸다. "비릿한 목소리", "억만년 홀로 출렁이며"같은 묘사는 바다와 시간의 무심함을 통해 인간의 사연이 지닌 연약함을 부각시킨다. '부재와 안녕, 그러나 여전한 그리움'이라는 주제를 따라 전체적으로 흐른다. 문이 열려 있어도 기척이 없는 공간, 안개 속에서 사라지는 간절함, 그리고 끝내 "한 번쯤 꼭 안아주고 싶은 얼굴"과 "울컥 쏟아낸 이름"이 남는다. 그것은 단순한 장소의 인상이 아니라, 사라진 이를 붙잡으려는 인간적 바람과 기억의 응축이라 할 수 있다. 강열한 이미지들의 감각적 몰입이 있으며 작가는 상실과 그리움, 그리고 끝내 놓지 못하는 애착을 그리고 있다. 차갑고 무심한 자연과 그것을 붙들려는 화자의 간절한 목소리가 교차하는 묵직한 여운을 주고 있다. 김병효 작가는 시 곳곳마다에서 보면 근원적인 인간성 소유자임을 알 수 있다.

91p 풍경은 그냥 울지 않는다

삶과 존재, 그리고 인간 내면의 고독을 깊이 응시하는 듯하다. 첫 구절 "풍경은 그냥 울지 않는다"는 문장은 일상적으로 보이는 풍경조차 단순한 표정이 아니라 이야기를 지닌 주체임을 드러낸다. 풍경이 울 때에는 그 안에 인간의 기억, 고통, 혹은 잊혀진 어떤 감각이 함께 배어 있다는 암시다. 자연과 인간의 내면이 겹쳐지는 순간, 작가는 단순한 묘사가 아니라 존재론적 긴장을 포착한다. 이 시 속 화자는 자신을 "허공 속의 알몸"이라 지칭하며 오롯이 드러난 채 과거의 기억과 맞닥뜨린다. "본시 두드려야 성이 풀리는 족속"이라는 대목은 인간 존재의 근원적인 갈증과 고통 해소의 방식, 즉 소리를 내고 몸부림치며 살아야만 하는 운명을 암시한다. 그러나 동시에 "뼛속까지 비워내도, 절대 눈을 감지 않는다"는 구절은 끝내 깨달음이나 체념으로 닫히지 않는 집요한 감각의 지속을 보여 준다. 후반부로 가면 시의 분위기는 더욱 무겁다. "헛것인 몸뚱어리가 바람에 잃어야 한다"라는 구절은 존재의 실체가 허망하게 사라질 수밖에 없음을 드러낸다. "나는 죽고 나는 간다"라는 단언은 자아의 덧없음 속에서도 생과 죽음이 동시에 흐른다는 아이러니를 담고 있다. 결국 남는 것은 속세의 응어리를 두드리며 내는 소리, "당그랑 댕그랑" 울리는 메아리뿐이다. 이는 인간이 살아가는 과정에서 남기는 흔적이자, 사라짐과 동시에 퍼져가는 여운이라 할 수 있다. 존재의 공허와 집착, 사라짐의 불가피성을 사유한다. 그러나 단순한 허무에 머물지 않고 '두드림'과 '울음'이라는 행위를 통해 인간 존재가 세계와 부딪히며 내는 소리의 의미를 환기시킨다. 그것은 결국 운명적 허망함을 인정하면서도 끝내 사라진 뒤까지 남게 되는 울림, 바로 인간 삶의 역설적 아름다움을 작가는 이야기한다.

116p 못 자국

「못 자국」은 내면의 상처와 그로 인한 기억의 집요한 잔존을 시적 이미지로 응축해낸 작품이다. 마치 못이 박힌 흔적처럼 지워지지 않는 트라우마와 삶의 균열을 어둡고도 생생한 언어로 형상화한다. 시 속에서 반복적으로 드러나는 이미지들은 "붉은 녹물", "삭정이", "충혈된 뒷모습", "살을 발라 먹는 악몽의 소리" 등 감각적이면서 고통을 극대화하는 표현들이다. 이는 단순한 고통의 서술이 아닌 시간이 흘러도 치유되지 않는 상처의 현존을 역설적으로 보여준다. 망각의 시간에조차 잠식되지 않고 살아남은 기억들이 화자의 청춘과 꿈을 헤집으며, 일종의 악연처럼 끝없이 붙어 다닌다. 고통을 과도하게 구체화하거나 직접적으로 설명하기보다, 은유와 파편화된 이미지들을 통해 독자에게 감각적 체험을 이입시킨다는 점이 특징이다. 작가는 내면 깊숙이 고여 있던 트라우마가 불시에 솟아올라 삶의 흐름을 흔드는 장면들을 비유적 언어로 압축하고 있다. 「못 자국」은 치유되지 않은 과거와 그것이 가져오는 불안, 악몽 같은 현재의 체험을 시적 언어로 끌어올린 수작이다. 여기서 주목할 것은 내면적 상처의 보편성이다. 독자는 이 시를 통해 개인적 상흔이 어떻게 언어를 통해 예술적 형상으로 전환되는지를 체감할 수 있으며, 동시에 누구도 완전히 망각하거나 벗어나지 못하는 부분들에 대해 성찰하는 시간을 갖게 된다. 이러한 점들이 김병효 작가의 작품을 빛는데 대한 장점으로 작용한다.

117p 피안의 고요

「피안의 고요」는 고요와 적막을 주제로 하되, 그 속에서 생의 울림과 초월의 정서를 길어 올리는 시다. "메마른 가슴"과 "선암사 승선교"라는 구체적 공간은 독자를 현실의 구도적 자리로 불러들인다. 하지만 곧이어 "목울대가 토해내는 노랑 상사화"라는 강렬한 이미지가 펼쳐지며, 뚜렷한 실재의 정경은 초월적 차원으로 전환된다. 언어는 고요를 단순한 적막이나 정적의 상태로 머물게 하지 않고, 오히려 그 고요 속에서 살아 있는 떨림과 새로 피어나는 생동을 끌어낸다는 것을 작가는 말하고 있다. "바람은 고요를 깨우고 / 봉인된 알몸도 부풀어 오른다"라는 구절에서 느껴지듯, 고요는 무(無)가 아니라 잠재적 에너지, 곧 생명과 불성이 움트는 자리이다. "고요 속에 고요로 사는 이 / 홀로 피어 가나니"라는 결미는 속세의 번뇌를 벗어나 자기 자신과 합일하는 존재의 태도를 보여준다. 이는 불교적 해탈의 이미지이자 동시에 개인적 구원의 울림을 함께 지니고 있다. 「피안의 고요」는 고요를 단순한 침묵이 아닌 삶과 죽음을 넘어서는 피안의 진동, 고통을 계승하며 초월하는 생의 자리에 대한 체험으로 승화했다. 공간은 선암사, 사물은 상사화, 감각적 장면은 물결 소리, 풍경 소리를 통해 독자에게 구도적 사유와 시적 감동을 함께 공유하는 작품이라 할 수 있다.

130p 아무도 열어주지 않는 문

"아무도 열어주지 않는 문"이라는 제목처럼, 닫힌 공간과 버려진 흔적들을 통해 부재 · 고립 · 기억의 퇴색을 드러낸 작품이다. 시의 첫머리에서 "녹슨 편지함 밑의 흉흉한 소문들"은 인간관계와 소통의 단절을 상징한다. 편지란 원래는 서로를 이어주는 매개가 되는데 더 이상 주고받지 않는다는 점은, 빈집이 단순한 물리적 공간이 아니라 삶이 떠난 자리에 놓인 정지된 시간임을 드러낸다. 이어서 "흙벽돌보다 무겁게 살아온 몇 평의 미궁"이라는 구절은 삶의 무게와 그 결과로 남겨진 흔적의 고립성을 잘 보여준다. 낡은 거미줄, 흑백사진, 빈 소주 병 같은 이미지는 부재자의 그림자를 대변하며, 동시에 "쉰내 나는 오래된 적삼"처럼 감각적, 후각적 표현을 통해 독자에게 폐허의 실감을 각인시킨다. 특히 마지막 연에서 "갯벌에 처박힌 폐선 한 척이 어둠을 돌돌 말아 새우잠을 청한다"는 은유는 결국 이 모든 빈자리와 부재조차도 자연의 순환 속에서는 또 다른 잠, 정지된 시간으로 귀결됨을 시사한다. 문이 열리지 않는다는 것은 단지 외부와 단절된 채 닫혀 있는 상태이지만, 시 속에서는 그 닫힘이 죽음, 고독, 잊힘을 암시하는 공간으로 변환된다. 결국 이 작품은 버려진 사물들이 대신 말하는 인간의 흔적을 통해, 읽는 이로 하여금 존재와 부재, 시간과 기억에 대해 사유하게 만든다. 낡음과 침묵을 살아 있는 이미지로 끌어올린 점에서 깊은 인상을 주는 시이다.

134p 무인 등대

외딴 등대를 중심 이미지로 삼아, 인간의 고독과 존재 이유, 그리고 사명적 빛의 의미를 탐구하고 있다. 바다 위의 등대는 외부 세계와 단절된 듯 서 있으나 동시에 그 존재 이유는 "불빛을 비추어야 하는"데 있다. 시인은 이 상징을 통해 개인이 겪는 내적 고립과 그럼에도 불구하고 감당해야 하는 삶의 과제를 겹쳐 놓는다. 첫 연에서 "주소 없는 바다 위"라는 표현은 뿌리 잃은 존재의 불안정을 드러내며, "텁석 주저앉았다"는 구절은 삶에 대한 무력감과 체념을 구체적으로 형상화한다. 그러나 이는 단순한 패배가 아니라 깊이 묻혀 있던 꿈들과 잊힌 자취들을 되새기는 계기이기도 하다. 꿈들은 "비문처럼 꼬깃꼬깃 굳은살 박혀 얼룩으로 서 있다"는 비유 속에서 사라지지 않고 여전히 흔적을 남기고 있는데 이는 상처이자 동시에 살아온 증거이다. 중후반부로 넘어가면 "연소하지 않은 인연의 반쪽"이나 "고립의 빈칸"같은 구절은 미완성과 공허의 정서를 심화한다. 그러나 이러한 공허는 단순히 침묵으로 끝나지 않는다. "붉은 눈빛으로 죄다 비집고 들어서는 갈매기 울음"과 같은 장면은 외적 세계가 여전히 시적 화자의 내면을 두드리고 있음을 보여준다. 그 두드림은 "저린 절박한 사유"로 전환되며, 끝내 "바람 앞에 불빛을 비추어야 하는 이유"라는 성찰로 수렴된다. 결국 이 시가 말하는 핵심은, 등대가 처한 고립은 끝이 아니라 본연의 사명으로 이어지는 통과의례라는 점이다. 홀로

서 있는 외로움 속에서도 등대는 존재 이유를 구현해야 한다. 그것이 바로 "섣달그믐"이라는 겨울 끝자락, 혹독한 시간 속에서도 불빛을 꺼뜨릴 수 없는 이유이다. 「무인 등대」는 개인의 고독을 감상적으로 묘사하는 데 그치지 않고, 고립과 상처를 통해 삶의 목적과 책임을 거꾸로 비추어낸다. 얼룩과 녹물, 바닷새 울음 속에서 결국 남는 것은 "불빛을 지켜내야 한다"는 강한 소명 의식이다. 이 시는 독자에게도 물음을 준다. 사명의 불빛 등대는 당신들에게는 무엇을 의미하는가?

147p 때론, 눈물도 꽃처럼 지더라

마치 어떤 선언 같다. 긴장감과 함께 읽혀지는 이 시는 삶과 죽음, 상처와 위안, 어둠과 빛이라는 이중적 대립 속에서 인간 존재가 감내해야 할 고독과 희망을 그려낸 작품이라고 보아진다. 제목부터 이미 강렬하다. "눈물도 꽃처럼 진다"라는 고통조차 시들어 소멸하는 순간을 맞으며 결국 자연의 섭리에 편입된다는 인식을 담고 있다. 눈물이 단순한 슬픔의 부산물이 아니라, 삶의 순환 속에서 피고 지는 하나의 꽃이라는 점에서 독자는 깊은 울림을 받게 된다. 전체적인 분위기는 어스름과 낮달, 소쩍새와 별빛 같은 이미지들이 서로 교차하며, 시간의 층위를 따라 부드러우면서도 쓸쓸하게 흘러간다. 특히 "허공에 내던진 상처 진자리마다 / 한 줌의 무게로 여린 열매가 시간을 벤다"는 구절은 인간의 상처가 단지 아픔으로만 끝나는 것이 아니라 다시 삶을 자르는, 또 다른 성숙의 흔적이 된다는 점을 선명히 드러낸다. 또한 "사는 게 벼랑 끝 슬픔 같다"는 고백은 인간 실존의 절망을 직시하지만, 곧 이어 등장하는 "별 하나 품고 안부를 묻는다"는 장면은 어둠 속에서도 사라지지 않는 작은 희망을 제시한다. 절망 너머에서 반짝이는 극미한 빛, 그것이야말로 이 시가 독자에게 전달하는 정서적 위안으로 작용한다. 마지막의 "잔등"이미지는 특히 인상적이다. 꺼질락 말락 하는 희미한 등불은 인간 내면의 생명력, 혹은 희망의 불씨를 상징한다. 그 미약한 불빛조차 누군가에게는 "끝점의 슬픔"을 비추고, 또 "그대"에게 삶의 실존적 체험을 나누는 매개가 된다. 결과적으로 이 시는 삶의 어두운 측면을 정직하게 응시하면서도 그 어둠 속에서 길어 올린 미약한 생의 빛을 놓치지 않는 작품이다. 독자는 여기에서 죽음과 상처조차 삶의 단절이 아닌 새로운 의미의 열매가 됨을 깨닫게 된다. 그것이 바로 시인이 말하는 "때론, 눈물도 꽃처럼 진다"는 역설적 진실일 것이다. 감각적인 이미지와 철학적 성찰이 잘 어우러진 작품으로 절망 속에서도 꽃처럼 스러지며 새로운 의미를 남기는 인간의 삶을 아름답게 드러낸 서정시라 할 수 있다.

　이렇듯 김병효 작가는 모든 것들로부터 특징적인 깔끔한 성향이 묻어있다. 어느 먼 훗날에 송두리째 뽑히는 듯한 삶의 고뇌와 비바람일망정 무겁게 동여맨 무게, 그 조차도 그리움으로 승화되어 남을 것이다. 또한 시간을 헛 소모하는 일 없이 하루를 아끼며 깊이와 넓이와 높이를 잘 조율하는 작가라고 할 수 있다. 내면의 삶을 밖으로 드러내지 않는 외로움을 즐기는 김병효 작가의 작품 세계를 만난다는 것 또한 독자로서 행운이 될 것임을 주저하지 않는다.

우리는 모두 자신의 소중한 자리에서 꿈을 이어가고 있습니다. 그 꿈길에 껍질을 벗겨, 알곡지고 참맛 나는 풍성한 과일 하나 맛보는 시간을 특별한 정성으로 빚은 김병효 작가의 작품에서 찾게 되기를 희망합니다.

김병효 작가의 제5시집 상재를 축하드립니다.

몸살로 뜨거워진 언어

초판1쇄 발행 2025년 10월 02일

지 은 이 김병효
펴 낸 이 박선해
펴 낸 곳 도서출판 신정

주소 경상남도 김해시 우암로 8
전화 010-3976-6785
전자우편 sinjeng2069@naver.com
출판등록 김해, 사00008. 2020년 9월 22일

ISBN 979-11-92807-35-5 03810

정가 13,000원

* 이 책은 저작권법에 따라 보호받는 저작물이므로 무단전재와 무단복제를 금지하며, 이 책 내용의 전부 또는 일부 내용을 재사용하려면 사전에 저작권자와 도서출판 신정의 동의를 받아야 합니다.

* 저자의 의도에 따라 작품의 보조동사와 합성(=합성명사)어는 띄어쓰기나 방언에 따라 표현이 (향토어 지역어 은어 속어 기타 등) 달라질 수가 있습니다.

* 잘못된 책은 교환해 드립니다.